Take Me to the Lakes
**WEEKENDER EDITION
BERLIN**

THE GENTLE TEMPER

NORD

WEST

Intro & Karte
02–11

Weekender
12–327

Index & Outro
328–336

Norden
12–207

Osten
208–229

Süden
230–251

Westen
252–327

OST

SÜD

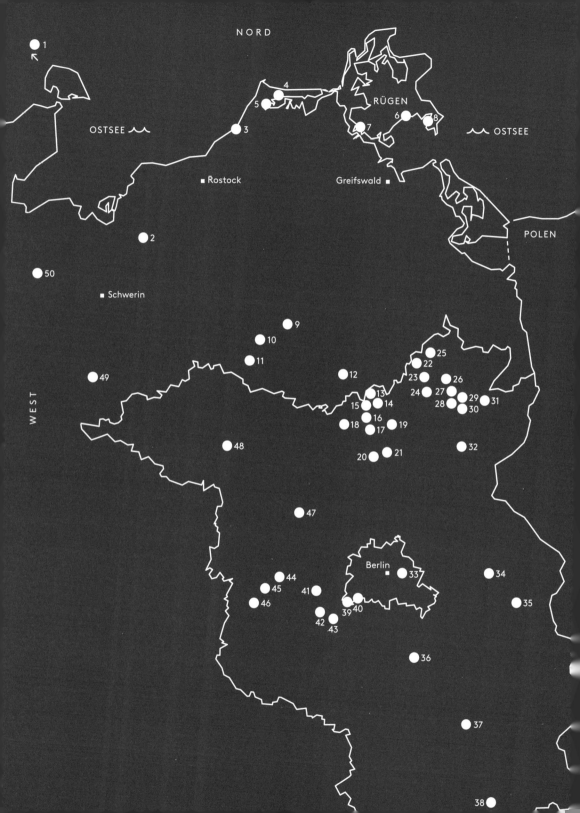

ÜBERSICHT 1–50

1 Smucke Steed s. 166
2 Seehotel am Neuklostersee s. 160
3 NewHaus s. 142
4 Haus Wieckin s. 88
5 Hans und Otto s. 82
6 Wasserferienwelt Rügen s. 196
7 Naturoase Gustow s. 136
8 Strandwood House s. 172
9 Wasserturm Waren s. 202
10 Gutshaus Lexow s. 70
11 Kavaliershaus Schloss Blücher – Hotel am Finckener See s. 100
12 Forsthaus Strelitz s. 40
13 Re:hof Rutenberg s. 148
14 Bootschaft Studios Lychen s. 16
15 Mein Lychen s. 124
16 Gut Boltenhof s. 52
17 Mühle Tornow s. 130
18 Märkisches Landhaus N°8 s. 118
19 Herrenhaus Röddelin s. 94
20 Thomashof Klein Mutz s. 178
21 Das blaue Pferd s. 22
22 Landgehöft am Feldrain s. 106
23 Vorwerk Krewitz s. 190
24 Gasthof zum grünen Baum s. 46
25 Gutshof Kraatz s. 76
26 Das Sternhagener Haus s. 34

27 Das schwarze Haus s. 28
28 Landhaus am See s. 112
29 Gut Fergitz s. 118
30 Rote Scheune s. 154
31 Villa am Trumpf s. 184
32 Gut Wolletz s. 64
33 Modern Houseboat s. 218
34 Villa Honigpumpe s. 224
35 Gut Klostermühle s. 212
36 Refugium am See s. 246
37 Ferienhaus „An der Giglitza" s. 234
38 Lausitzer Seenland Resort s. 246
39 Zimmer mit Ausblick s. 322
40 Parkchâlet Potsdam s. 310
41 Haus am Havelbogen s. 292
42 Elisabeth am See s. 262
43 Ferienwohnung am Einsteinhaus Caputh s. 280
44 Ferienhaus am Beetzsee s. 268
45 Havelblau Ferienlofts s. 298
46 Gut Wendgräben s. 286
47 Winterquartier s. 316
48 Hof Obst s. 304
49 Ferienhof Middenmank s. 274
50 Bauernkate Klein Thurow s. 256

OST

SÜD

NORD

WEST

Vorwort

Als wir im Frühjahr 2017 mit unserer ersten Publikation 50 Seen im Berliner Umland vorgestellt haben, wussten wir bereits, dass es noch mehr zu erzählen gibt: Nicht nur die Badestellen haben es uns angetan, sondern auch die Ferienhäuser, Hotels und Bauernhöfe an ihren Ufern.

Dieses Mal zog es uns von Berlin über den Süden Brandenburgs bis hin zur Ostsee: Entlang der Felder und Wiesen sind wir auf neue, versteckte Seen gestoßen, haben frisch gebackenen Obstkuchen probiert, sind auf Feldwegen durch die beinahe unberührte Natur gewandert und haben Mittagsschlaf unter Kastanien gehalten. Oft war es danach schon zu spät, um umzukehren. Und so wurden unsere Tagesausflüge zu Wochenendtrips.

In der WEEKENDER EDITION BERLIN stellen wir nun die 50 schönsten Unterkünfte in Wassernähe vor, die wir auf unserem Weg entdeckt haben. Ob liebevoll sanierte Bauernhöfe, Architektenhäuser, stilvoll eingerichtete Apartments oder idyllische Hotels – wir porträtieren die Menschen, die sie betreiben, und gewähren einen persönlichen Einblick in ihr Leben auf dem Land.

Es ist kein Geheimnis, dass aus der einstigen „Landflucht" in den letzten Jahren eine „Wochenendflucht aufs Land" geworden ist. Designer und Architekten, die eigentlich Berlin und Hamburg ihr zu Hause nennen, haben sich im Umland neu eingerichtet und alles mitgebracht, was man braucht. Aber auch Alteingesessene, die in ihren Dörfern groß geworden sind, verraten bewährte Tipps, die man in keinem Reiseführer findet. Dank ihrer Empfehlungen fühlt sich jeder Aufenthalt nach mehr als einem Kurzurlaub an.

NORD

The Gentle Temper
Independent Publishing Berlin

WEST

The Gentle Temper ist ein unabhängiger Berliner Verlag mit Fokus auf Design, Fotografie und Kunst, der 2016 von Karoline Rosina und Nils Kraiczy gegründet wurde. Das Duo konzentriert sich in seinen Veröffentlichungen auf das Ziel, die Beziehungen zwischen Mensch, Natur und den Dingen, die uns täglich umgeben, ästhetisch ansprechend und kulturell wertvoll zu gestalten.

Seitdem es Städte gibt, besteht die urmenschliche Sehnsucht nach Auszeit – über Geschichten, Eindrücke und Momentaufnahmen will The Gentle Temper auf dieses Bedürfnis reagieren. In einer Epoche des Informationsüberflusses liegt der Fokus deshalb auf der Präsentation ausgewählter Nischenpublikationen, die haptischen Lesegenuss und Entschleunigung versprechen.

Dabei setzten die beiden auf die Stärken von Print, wollen aber gleichzeitig die digitale Gegenwart nicht ausblenden: Es geht nicht um die Konkurrenz von Papier und Displays, sondern die Verknüpfung und Ergänzung beider Erfahrungswelten.

Aus diesem Grund setzt The Gentle Temper Projekte um, die dazu auffordern, selbst unmittelbar aktiv zu werden. Vernetzung und Dialog sind den beiden dabei ebenso wichtig wie ein Lesegefühl, das mehr verlangt als kurzes Scrollen. Auf der Suche nach diesen Augenblicken bietet sich The Gentle Temper als Begleiter an.

Die WEEKENDER EDITION BERLIN ist die dritte Veröffentlichung des Verlags und reiht sich in die „Take Me to the Lakes" Serie ein. Sie verbindet Fotografie und Design mit einer Begeisterung für die Natur, dem Wunsch nach Entspannung und dem Versprechen, die Großstadt hinter sich zu lassen.

NORD

Beschreibungen

WEST

ÖV   Öffentliche Verkehrsmittel

Jede Unterkunft wird durch eine schematische Karte ergänzt. Damit der Weg zum See nicht zur Irrfahrt wird, sind die Geodaten der umliegenden Gewässer einzeln aufgeführt. Die Koordinaten gibt man bei einem Online-Kartendienst ein, der die Route berechnet.
   Weitere Informationen unter: takemetothelakes.com

NORD

WEST

NORDEN

WEEKENDER EDITION

OST

SÜD

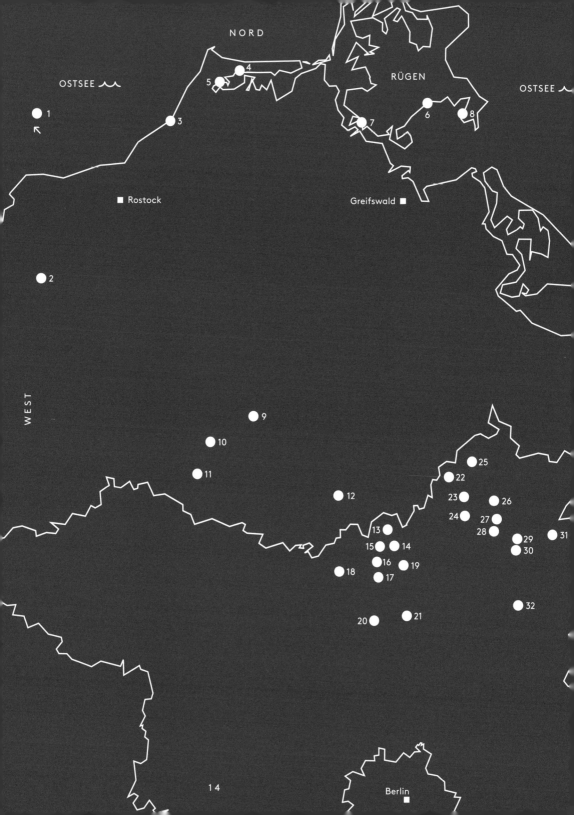

ÜBERSICHT NORDEN

APARTMENTS
14 Bootschaft Studios Lychen S. 16
32 Gut Wolletz S. 64
25 Gutshof Kraatz S. 76
15 Mein Lychen S. 124
13 Re:hof Rutenberg S. 148
30 Rote Scheune S. 154
20 Thomashof Klein Mutz S. 178
31 Villa am Trumpf S. 184
9 Wasserturm Waren S. 202

APARTMENTS/HAUS
21 Das blaue Pferd S. 22
29 Gut Fergitz S. 58

APARTMENTS/HOTEL
16 Gut Boltenhof S. 52

APARTMENTS/PENSION
10 Gutshaus Lexow S. 70

HAUS
27 Das schwarze Haus S. 28
26 Das Sternhagener Haus S. 34

5 Hans und Otto S. 82
4 Haus Wieckin S. 88
19 Herrenhaus Röddelin S. 94
22 Landgehöft am Feldrain S. 106
28 Landhaus am See S. 112
18 Märkisches Landhaus N°8 S. 118
7 Naturoase Gustow S. 136
3 NewHaus S. 142
8 Strandwood House S. 172
23 Vorwerk Krewitz S. 190
6 Wasserferienwelt Rügen S. 196

HOTEL
11 Kavaliershaus Schloss Blücher – Hotel am Finckener See S. 100
2 Seehotel am Neuklostersee S. 160

PENSION
24 Gasthof zum grünen Baum S. 46
12 Forsthaus Strelitz S. 40
17 Mühle Tornow S. 130
1 Smucke Steed S. 166

WEEKENDER EDITION

APARTMENTS

Bootschaft Studios Lychen

OST

LAGE
96 km vom Berliner Zentrum
Anbindung an den ÖV: Markt, Lychen
17279 Lychen

NORD

Bootschaft Studios Lychen

UMGEBUNG
A Großer Lychensee
B Oberpfuhl See
C Wurlsee
D Zenssee

Als Beinamen trägt Lychen die Bezeichnung „Flößerstadt". Kein Wunder, schließlich liegt der Ort im Naturpark Uckermärkische Seen, wo er von Wasser und Natur umgeben ist. Hier haben der Architekt Helmut Bergsträßer und der Softwareberater Carsten Wetzel eine kleine Wohlfühloase geschaffen.

Ursprünglich diente das Haupthaus der „Bootschaft Studios", in denen die beiden selbst leben, als Böttcherei. 2013 erwarben sie das Gebäude von der Enkelin des Erbauers und gestalteten es nach ihren Vorstellungen um: Entstanden ist ein Rückzugsort, an dem Architektur, Design, Komfort und Natur zusammenspielen. In zwei Anbauten auf der Hofseite richteten sie insgesamt vier Studios mit Ausblick auf den Oberpfuhl See ein. Kostenlose Kajaks und Fahrräder warten hier auf die Gäste.

Sieben Seen finden sich in der näheren Umgebung. Badestellen liegen beispielsweise am Zenssee (53.185662, 13.353376; 53.202855, 13.328142), Großen Lychensee (53.206436, 13.301287) und Wurlsee (53.221097, 13.301321; 53.221428, 13.282803). Nach einem Tag in der Natur laden der Garten und die Gemeinschaftsterrasse mit Blick auf den Oberpfuhl See zum Entspannen ein.

WEST

Auto < 90 Min.; ÖV < 120 Min.

WEEKENDER EDITION

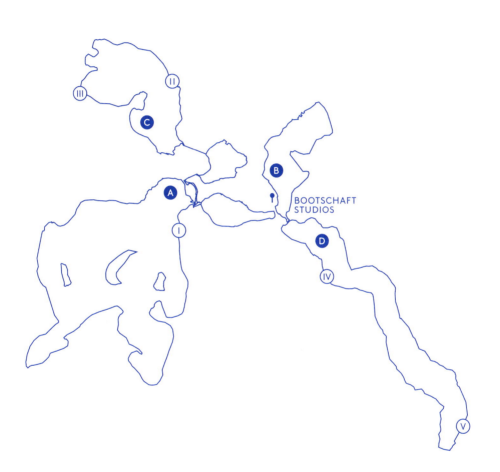

BADESTELLEN
I: 53.206436, 13.301287
II: 53.221097, 13.301321
III: 53.221428, 13.282803
IV: 53.202855, 13.328142
V: 53.185662, 13.353376

NORD

WEST

WEEKENDER EDITION

OST

Gastgeber: Helmut Bergsträßer & Carsten Wetzel
Templiner Straße 3, 17279 Lychen
Der Mindestaufenthalt beträgt zwei Nächte.
+49 (0) 174 973 42 92

gethelmut@bootschaft-lychen.de
www.bootschaftlychen.de

SÜD

| NORD |

WEST

APARTMENTS/HAUS

Das blaue Pferd

LAGE
60 km vom Berliner Zentrum
Anbindung an den ÖV: OSZ, Zehdenick
16792 Zehdenick

NORD

Das blaue Pferd

UMGEBUNG
A Eichlerstich
B Waldstich

Ein Haus auf dem Land, in dem sie frei arbeiten und ausspannen konnte, hatte sich die Künstlerin Elisophie Eulenburg schon immer gewünscht. 2015 wurde ihr Traum wahr: Sie erwarb einen denkmalgeschützen Vierseithof im Westen des Biosphärenreservats Schorfheide-Chorin und verwandelte ihn mit befreundeten Künstlern in einen kreativen Rückzugsort. Seinen Namen verdankt „Das blaue Pferd" einer kleinen, blauen Tonfigur, die beim Umgraben entdeckt wurde.

Wer auf der Suche nach einer Auszeit ist, wird in Eulenburgs Domizil glücklich: Platz gibt es für zehn Personen – je nach Bedarf werden zwei Zimmer für bis zu drei Personen oder gleich die ganze Unterkunft vermietet. Wie viel Wert die Gastgeberin auf Design und Nachhaltigkeit legt, wird mit einem Blick auf das Interieur deutlich: Dielenböden, historische Kachelöfen und ausgewählte Möbel, die nicht selten upcycelt wurden, bestimmen die Einrichtung.

Entspannen kann man zwischen Kräutern und Obstbäumen im Hofgarten; wer es aktiver mag, erkundet die Umgebung. Egal ob man auf dem „Berlin-Kopenhagen-Radweg" fährt, eine Kanufahrt auf der Havel unternimmt, in den Waldstich im Waldbad Zehdenick (53.000421, 13.343312) oder in den Eichlerstich (53.012126, 13.337051) springt – die Gegend verspricht einmalige Naturerlebnisse.

WEST

Auto 60 < Min.; ÖV < 105 Min.

WEEKENDER EDITION

DAS BLAUE PFERD 📍

BADESTELLEN
I: 53.012126, 13.337051
II: 53.000421, 13.343312

NORD

WEST

Gastgeberin: Elisophie Eulenburg
16792 Zehdenick
Der Mindestaufenthalt beträgt drei Nächte,
in Schulferienzeiten fünf Nächte.

info@das-blaue-pferd.de
www.das-blaue-pferd.de

WEEKENDER EDITION

OST

SÜD 27

WEEKENDER EDITION

HAUS

Das schwarze Haus

OST

LAGE
100 km vom Berliner Zentrum
Anbindung an den ÖV: Seehausen, Uckermark; Prenzlau
17268 Gerswalde

NORD

Das schwarze Haus

UMGEBUNG
A Oberuckersee
B Pinnower See
C Potzlower See
D Sternhagener See
E Unteruckersee

Wer davon träumt, in einem preisgekrönten Haus zu übernachten, muss nicht länger suchen. Zwischen Pinnow und Sternhagen hat der Berliner Architekt Thomas Kröger im Auftrag der Designprofessorin Johanna Michel und des Ingenieurs Dirk Preuß „Das schwarze Haus" errichtet. Von außen wirkt es mit seinem Satteldach wie ein Bau aus der amerikanischen Prärie. Dabei hat der Architekt sich bei der Planung am regionalen Stil orientiert: Die Holzverschalung zitiert die Ställe und Scheunen, die bis heute die Umgebung bestimmen.

Im Inneren wecken die raumhohen Glasfassaden das Gefühl, die grüne Weite der Uckermark ins Wohnzimmer geholt zu haben. Zimmer im eigentlichen Sinn gibt es nicht, eher Wohnzonen, die sich anpassen lassen. So geht die offene Küche nahtlos in einen Loungebereich über.

Insgesamt bietet das Haus Raum für zehn Personen. Ein offener Kamin sorgt an kühlen Tagen für Gemütlichkeit, im Sommer lädt das 5000 m² große Grundstück mit seinem kleinen Soll, einem Resttümpel aus der Endmoränenzeit, zum Entspannen ein.

Baden kann man auch in den umliegenden Gewässern wie dem Pinnower See (53.214030, 13.793241), dem Sternhagener See (53.243974, 13.776772; 53.233065, 13.779946) dem Potzlower See (53.215824, 13.843390), dem Oberuckersee (53.186879, 13.851956; 53.181270, 13.871041; 53.177918, 13.870664) und dem Unteruckersee (53.306496, 13.861129).

Auto < 90 Min.; ÖV < 120 Min.

WEEKENDER EDITION

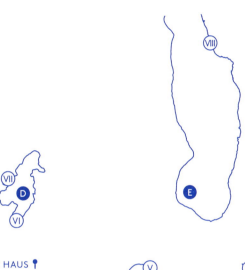

DAS SCHWARZE HAUS

BADESTELLEN
I: 53.177918, 13.870664
II: 53.181270, 13.871041
III: 53.186879, 13.851956
VI: 53.214030, 13.793241
V: 53.215824, 13.843390
VI: 53.243974, 13.776772
VII: 53.233065, 13.779946
VIII: 53.306496, 13.861129

WEST

Gastgeber: Johanna Michel & Dirk Preuß
Pinnow 26a, 17268 Gerswalde
Mindestaufenthalt je nach Termin und Saison.
+49 (0) 09333 222 562
+49 (0) 177 804 06 00

buchung@dasschwarzehaus.de
www.dasschwarzehaus.de

WEEKENDER EDITION

OST

SÜD

NORD

WEST

HAUS

Das Sternhagener Haus

LAGE
106 km vom Berliner Zentrum
Anbindung an den ÖV: Seehausen, Uckermark; Prenzlau
17291 Nordwestuckermark

WEEKENDER EDITION

NORD

Das Sternhagener Haus

UMGEBUNG
A Oberuckersee
B Pinnower See
C Potzlower See
D Sternhagener See
E Unteruckersee

Auf 200 Jahre Geschichte kann das Sternhagener Bauernhaus mit Stall und Scheune zurückschauen, das von der Designerin Bettina Lempelius und ihrem Mann, dem Architekten Philipp Kiehn, umgebaut wurde. Historische Details haben die beiden erhalten, so dass das Haus mit seinen minimalistischen Formen aus der Zeit gefallen und doch modern wirkt. In den hellen, offenen Räumen können bis zu acht Personen gleichzeitig übernachten, in der freistehenden Badewanne entspannen oder vor dem Kamin lesen.

Im Sommer grillt man umgeben von Obstbäumen und Fliederbüschen auf dem 5000 m² großen Grundstück oder spaziert zum Sternhagener See, wo am Westufer (53.243974, 13.776772) oder an der Waldwiese im Süden (53.233065, 13.779946) die schönsten Badestellen versteckt sind.

In der Seenfischerei Trellert stärkt man sich anschließend mit dem Fang des Tages, mietet ein Boot und lässt sich über den See treiben. Ein Besuch im Hofladen von Stephan Zoch lohnt sich ebenfalls: Freitags und samstags verkauft der Bauer Marmelade, Honig und Eier, aber auch frisches Fleisch und Kartoffeln.

Wer sich nach Abwechslung sehnt, erkundet das Nordufer des Pinnower Sees (53.214030, 13.793241). Weitere Badestellen finden sich am Potzlower See (53.215824, 13.843390), Oberuckersee (53.186879, 13.851956; 53.181270, 13.871041; 53.177918, 13.870664) und Unteruckersee (53.306496, 13.861129).

Auto < 90 Min.; ÖV < 120 Min.

WEEKENDER EDITION

DAS STERNHAGENER HAUS

OST

BADESTELLEN
I: 53.177918, 13.870664
II: 53.181270, 13.871041
III: 53.186879, 13.851956
IV: 53.214030, 13.793241
V: 53.215824, 13.843390
VI: 53.233065, 13.779946
VII: 53.243974, 13.776772
VIII: 53.306496, 13.861129

SÜD

NORD

WEST

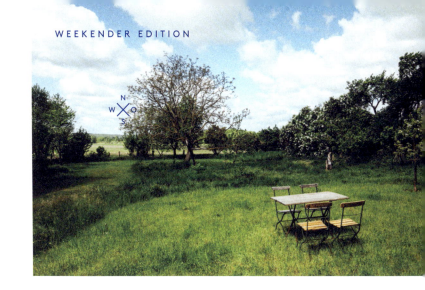

WEEKENDER EDITION

Gastgeber: Bettina Lempelius & Philipp Kiehn
Pinnower Weg 4, 17291 Nordwestuckermark
In der Hauptsaison beträgt der Mindestaufenthalt
zwei Nächte.

kontakt@dassternhagenerhaus.de
www.dassternhagenerhaus.de

WEEKENDER EDITION

PENSION

Forsthaus Strelitz

OST

LAGE
105 km vom Berliner Zentrum
Anbindung an den ÖV: Neustrelitz Hbf
17235 Neustrelitz

NORD

Forsthaus Strelitz

UMGEBUNG
A Domjüchsee
B Großer Fürstenseer See
C Großer Prälanksee
D Kluger See

Gelernt hat Wenzel Pankratz in den Sterneküchen von Berlin und Kitzbühel, jetzt kehrt er zu seinen Wurzeln zurück: In Mecklenburg führt der Mitte-Zwanzigjährige seit 2014 das Forsthaus Strelitz, das einst von seinem Vater betrieben wurde.

Gemeinsam mit seiner Mutter und Schwester kümmert er sich um das Wohl seiner Gäste, die in acht stilvoll eingerichteten Doppelzimmern sowie einem kleinen freistehenden Häuschen einziehen können. Die freilaufenden Hühner und Esel verleihen dem Forsthaus ein Ambiente wie aus dem Bilderbuch.

Auf den Teller kommt morgens und abends das, was die Region zu bieten hat: Pankratz fermentiert, schlachtet, presst eigene Säfte und kocht auf einem mit Holz befeuerten Herd – die Zutaten bezieht er aus dem Garten oder von befreundeten Landwirten und Jägern. Seine regionalen Menüs ziehen mittlerweile nicht nur Nachbarn aus dem Dorf, sondern auch Gäste aus der ganzen Welt an.

Wer genug geschlemmt hat, erkundet die umliegenden Seen wie den Domjüchsee (53.325602, 13.137743), den Großen Fürstenseer See (53.303026, 13.149746), den Großen Prälanksee (53.361908, 13.005660) oder den Klugen See (53.295301, 13.080036; 53.296909, 13.075280). Fahrräder leiht man am besten bei Familie Pankratz, die auf Wunsch auch einen Picknickkorb mit regionalen Spezialitäten füllt.

WEST

Auto < 90 Min.; ÖV < 105 Min.

WEEKENDER EDITION

FORSTHAUS STRELITZ

BADESTELLEN
I: 53.325602, 13.137743
II: 53.303026, 13.149746
III: 53.361908, 13.005660
IV: 53.296909, 13.075280
V: 53.295301, 13.080036

SÜD   43   OST

WEST

WEEKENDER EDITION

Gastgeber: Wenzel Pankratz
Berliner Chaussee 1, 17235 Neustrelitz
+49 (0) 3981 447 135

info@forsthaus-strelitz.de
www.forsthaus-strelitz.de

OST

SÜD

NORD

WEST

PENSION

Gasthof zum grünen Baum

LAGE
116 km vom Berliner Zentrum
Anbindung an den ÖV: Prenzlau
17268 Boitzenburger Land

NORD

Gasthof zum grünen Baum

UMGEBUNG
A Haussee
B Krewitzsee
C Küchenteich am Schloss Boitzenburg
D Schumellensee

Über 30 Jahre lang stand der „Gasthof zum grünen Baum" in Boitzenburg leer, ehe der Architekt Carsten Frerich und die Grafik-Designerin Ulrike Hesse das Gebäude von Grund auf saniert haben. Seit Anfang 2014 findet sich im ehemaligen Pferdestall ein kleines Restaurant, in dem Gerichte aus frischen Zutaten serviert werden, die fast immer direkt vom Feld kommen. Regionale Spezialitäten hält auch der kleine Hofladen bereit.

Ein Crossover aus Alt und Neu überwiegt bei der Einrichtung der fünf Doppelzimmer: Holzbalken, Lehmputz, rustikale und moderne Möbelstücke schaffen eine gemütliche Atmosphäre.

Die Gegend erkundet man am besten zu Fuß: Der 19,5 Kilometer lange „Doppelte Boitzenburger" wurde 2009 zum schönsten Wanderweg Deutschlands gekürt. Auch mit dem Fahrrad lässt sich die Region erschließen: Die „Spur der Steine" verläuft größtenteils auf einem alten Bahndamm mitten durch den Naturpark von Templin nach Warbende.

Auf dem „Uckermärkischen Radrundweg" geht es durch die Feldberger Seenlandschaft zurück ins Boitzenburger Land. Wer am Wasser eine Pause einlegen will, findet Badestellen am Küchenteich nahe dem Schloss Boitzenburg (53.261158, 13.600080), am Krewitzsee (53.289480, 13.550328), am Schumellensee (53.254974, 13.579937) und am Haussee (53.250246, 13.517244).

WEST

Auto < 75 Min.; ÖV < 120 Min.

WEEKENDER EDITION

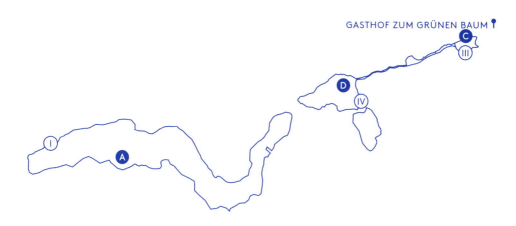

OST

GASTHOF ZUM GRÜNEN BAUM

BADESTELLEN
I: 53.250246, 13.517244
II: 53.289480, 13.550328
III: 53.261158, 13.600080
IV: 53.254974, 13.579937

SÜD

NORD

WEST

50

WEEKENDER EDITION

OST

Gastgeber: Carsten Frerich & Ulrike Hesse
Templiner Straße 4, 17268 Boitzenburger Land
+49 (0) 39889 569 995

tachschoen@boitzenburger.de
www.boitzenburger.de

SÜD

WEEKENDER EDITION

APARTMENTS/HOTEL

Gut Boltenhof

OST

LAGE
90 km vom Berliner Zentrum
Anbindung an den ÖV: Boltenhof, Fürstenberg (Havel)
16798 Fürstenberg/Havel

NORD

Gut Boltenhof

UMGEBUNG
A Haussee

Auf „Gut Boltenhof" im Ruppiner Seenland hat Familie Riest ein Urlaubsdomizil geschaffen, in dem die Zeit ein wenig langsamer vergeht. Der Besucher hat die Wahl: Entweder bezieht er eine der zehn modernisierten Ferienwohnungen für vier bis acht Personen, in denen einst Arbeiter wohnten, oder er kommt in einem der sechs Zimmer im Landhotel des alten Gutshauses unter.

    Seit 1997 steht für die Gastgeber Selbstversorgung im Mittelpunkt: Wer möchte, kann aktiv Teil des Hofbetriebs werden. Familien kommen hier besonders auf ihre Kosten, denn Kinder dürfen Bauer Uwe beim Traktorfahren, der Ernte und der Versorgung der Hühner, Kühe und Ziegen begleiten.

    Um die Gegend zu erkunden, stellen die Riests Fahrräder und Boote zur Verfügung. Der nah gelegene Haussee in Barsdorf sorgt an sonnigen Tagen für die nötige Erfrischung (53.110243, 13.290132). Nach der Erkundungstour stärkt man sich im hauseigenen Café und Restaurant „Gutess" mit frischen, regional inspirierten Gerichten.

WEST

Auto < 75 Min.; ÖV < 135 Min.

WEEKENDER EDITION

GUT BOLTENHOF

OST

BADESTELLE
I: 53.110243, 13.290132

SÜD　　　　　　　　　　　55

NORD

Gastgeber: Jan-Uwe & Andrea Riest
Lindenallee 14, 16798 Fürstenberg/Havel
+49 (0) 330 875 25 20

info@gutboltenhof.de
www.gutboltenhof.de

WEST

WEEKENDER EDITION

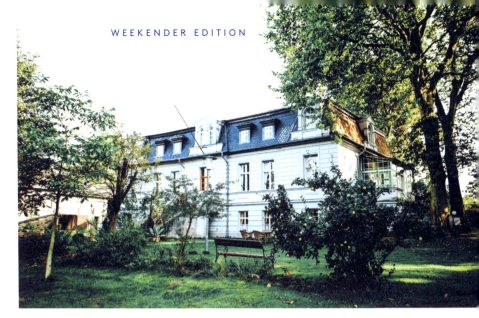

OST

SÜD

[NORD]

APARTMENTS/HAUS

WEST

Gut Fergitz

LAGE
100 km vom Berliner Zentrum
Anbindung an den ÖV: Wilmersdorf Bahnhof, Angermünde
17268 Gerswalde

WEEKENDER EDITION

NORD

Gut Fergitz

UMGEBUNG
A Oberuckersee
B Potzlower See
C Wrietzensee

Bis 1945 gehörte das Anwesen der Adelsfamilie von Arnim und diente als Vorwerk zu Schloss Suckow, ehe die LPG Kaakstedt zu DDR-Zeiten hier Kälber züchtete.

Im Jahr 2001 erwarb der Berliner Architekt Ferdinand von Hohenzollern das Grundstück am Oberuckersee mit seiner Frau, der Künstlerin Ilona Kálnoky, und errichtete auf den Ruinen von Siedlerhäusern zwei moderne Kuben mit je zwei Ferienwohnungen, die seit 2014 vermietet werden. Ein an die Parkscheune angebauter historischer Bauernhof bietet als Ferienhaus genug Platz für größere Gruppen. In der Parkscheune finden gelegentlich Kulturveranstaltungen statt.

Von der Wiese und den Wohnungen aus hat man einen freien Blick über den Oberuckersee und die hügelige Landschaft am gegenüberliegenden Ufer. Die Badestelle „Karl Flach" liegt fußläufig nur wenige Minuten vom Gut entfernt (53.186879, 13.851956).

Am Ostufer des Oberuckersees kann man ebenfalls baden gehen (53.181270, 13.871041), genauso wie am nahe gelegenen Potzlower See (53.215824, 13.843390) und Wrietzensee (53.175445, 13.834937). Wer genug geschwommen ist, beobachtet den Sonnenuntergang vom Steg am Campingplatz (53.177918, 13.870664).

Auto < 75 Min.; ÖV < 90 Min.

WEEKENDER EDITION

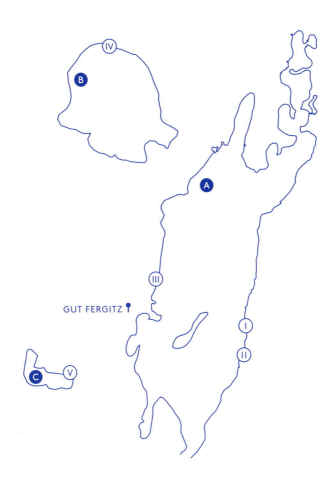

BADESTELLEN

I: 53.181270, 13.871041

II: 53.177918, 13.870664

III: 53.186879, 13.851956

IV: 53.215824, 13.843390

V: 53.175445, 13.834937

NORD

WEST

WEEKENDER EDITION

Gastgeber: Ferdinand & Ilona von Hohenzollern
Ort Fergitz 1–4, 17268 Gerswalde
Der Mindestaufenthalt beträgt zwei Nächte, in Ferienzeiten eine Woche.
+49 (0) 171 261 77 47

mail@gut-fergitz.de
www.gut-fergitz.de

WEEKENDER EDITION

APARTMENTS

Gut Wolletz

OST

LAGE
100 km vom Berliner Zentrum
Anbindung an den ÖV: Wolletz Mitte, Angermünde
16278 Angermünde

NORD

Gut Wolletz

UMGEBUND
A Wolletzsee
B Heiliger See

Den ehemaligen Schafstall von Gut Wolletz haben Lisa Fiege und ihre Schwiegertochter Anna mit viel Liebe zum Detail in ein Gästehaus verwandelt: In den fünf Ferienwohnungen, die alle über eine kleine Terrasse verfügen, finden zwei bis vier Personen Platz.

Von hier aus reicht der Blick über die Wiesen und Wälder des Biosphärenreservats Schorfheide-Chorin – eine Gegend, die man am besten mit dem Fahrrad oder zu Fuß erkundet. Direkt vor dem Gutshaus verläuft der „Radweg Berlin-Usedom", der bis an die Ostsee führt.

Wer die Natur lieber vom Wasser aus entdecken will, kann sich vor Ort Kanus und Ruderboote leihen. An heißen Tagen sonnt man sich an den zwei kleinen Badestellen am Wolletzsee (53.024003, 13.897071; 53.023490, 13.898622). Das Strandbad Wolletzsee am östlichen Ufer (53.022610, 13.947616) sowie die Badestelle am Heiligen See (53.013296, 13.870830) erreicht man in wenigen Minuten mit dem Fahrrad.

Nach ein paar Stunden im Grünen lädt „KaffeeKonsum" zur Stärkung ein: Lisa Fiege hat die ehemalige DDR-Verkaufsstelle wiederbelebt. Seit 2012 bietet sie für Radler, Nachbarn und Gäste wieder „Waren des täglichen Bedarfs" an – wie hausgemachte Kuchen, Burger und Wildschweinbratwürste. Wer morgens frische Brötchen möchte, bestellt sie am Vortag beim Bäcker im benachbarten Dorf Angermünde und bekommt sie pünktlich zum Frühstück geliefert. Fleisch- und Wurstwaren in Bioqualität gibt es im Hofladen auf Gut Kerkow.

Auto < 90 Min.; ÖV < 105 Min.

WEEKENDER EDITION

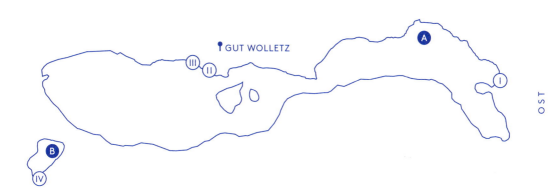

BADESTELLEN
I: 53.022610, 13.947616
II: 53.023490, 13.898622
III: 53.024003, 13.897071
IV: 53.013296, 13.870830

NORD

WEST

WEEKENDER EDITION

Gastgeberin: Lisa Fiege
Zur Kastanienallee 13b, 16278 Angermünde
Der Mindestaufenthalt beträgt in der Hauptsaison
eine Woche, sonst drei Nächte.
Kein Mindestaufenthalt für Einraumapartments.

mail@gutwolletz.de
www.gutwolletz.de
www.kaffee-konsum.de

OST

NORD

WEST

APARTMENTS/PENSION

Gutshaus Lexow

LAGE
150 km vom Berliner Zentrum
Anbindung an den ÖV: Inselstadt Malchow
17209 Lexow

NORD

Gutshaus Lexow

UMGEBUND
A Fleesensee
B Großer Kreßinsee
C Kölpinsee
D Müritz
E Plauer See

Das denkmalgeschützte „Gutshaus Lexow" inmitten der Mecklenburgischen Seenplatte kann auf eine lange Geschichte zurückblicken: Bis zum Jahr 1918 gehörte das Gut, 1874 als Herrenhaus erbaut, zum Grundbesitz des Dobbertiner Klosters. 2007 erwarben Bettina Buschow und Patrick Oldendorf das Anwesen und sanierten es drei Jahre lang, um seinen ursprünglichen Charme beizubehalten.

Heute können in sechs Apartments zwei bis acht Personen übernachten. Im „Alten Küchenhaus" und der „Stellmacherei" finden sich sieben Doppelzimmer für Bed & Breakfast-Gäste. Für das leibliche Wohl wird im hauseigenen Café gesorgt, wo auch das Frühstück serviert wird.

Besonders schön schwimmt man am Fleesensee (53.494521, 12.496501; 53.486776, 12.437049), am Großen Kreßinsee (53.408830, 12.500139), am Kölpinsee (53.512098, 12.615352), an der Müritz (53.430930, 12.582283; 53.396537, 12.626074; 53.393614, 12.626908; 53.479188, 12.626972; 53.486364, 12.632937) und am Plauer See (53.468110, 12.347615; 53.488818, 12.320009). Ausflüge nach Malchow oder zur Fischerei und Räucherei Alt-Schwerin am Plauer See sollte man sich nicht entgehen lassen. Abends lockt im „Gutshaus Lexow" das „Abendbrot" mit täglich wechselnden Menüs aus regionalen Zutaten.

Auto < 105 Min.; ÖV < 150 Min.

WEEKENDER EDITION

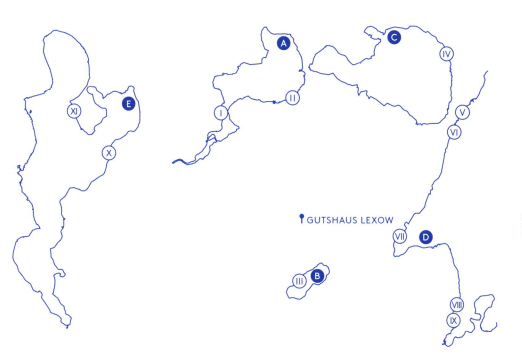

BADESTELLEN
I: 53.486776, 12.437049
II: 53.494521, 12.496501
III: 53.408830, 12.500139
IV: 53.512098, 12.615352
V: 53.486364, 12.632937
VI: 53.479188, 12.626972
VII: 53.430930, 12.582283
VIII: 53.396537, 12.626074
IX: 53.393614, 12.626908
X: 53.468110, 12.347615
XI: 53.488818, 12.320009

NORD

WEST

WEEKENDER EDITION

Gastgeber: Bettina Buschow & Patrick Oldendorf
Dorfstraße 29–30, 17209 Lexow
Der Mindestaufenthalt ist je nach Saison unterschiedlich.
+49 (0) 39932 417 038
+49 (0) 175 560 88 50

info@gutshaus-lexow.de
www.guthaus-lexow.de

OST

WEEKENDER EDITION

APARTMENTS

Gutshof Kraatz

OST

LAGE
130 km vom Berliner Zentrum
Anbindung an den ÖV: Kraatz Dorf, Nordwestuckermark
17291 Nordwestuckermark

SÜD

NORD

Gutshof Kraatz

UMGEBUNG
A Dammsee
B Großer See

Edda Müller und Florian Profitlich haben mit ihrem Gutshof einen Ort geschaffen, an dem man sich in die Vergangenheit zurückversetzt fühlt. Gemeinsam mit ortsansässigen Handwerkern sanierten sie das Anwesen im kleinen Dorf Kraatz über mehrere Jahre hinweg, um das historische Gebäude stilecht zu erhalten.

Entstanden sind so zwei Ferienhäuser: die Wagenremise, in der einst Kutschen untergebracht waren und heute zwei bis sechs Personen übernachten können, und das Bauernhaus aus den 1930er Jahren, das bis zu acht Personen Platz bietet. Beim Umbau der Gebäude wurden bewusst nur ökologische Materialien wie Hanf, Lehmputz und Kreidefarben verwendet, bei der Einrichtung des Bauernhauses setzte man auf originalgetreues Mobiliar.

Während man in der gut ausgestatteten Küche auch selbst kochen und auf den Terrassen entspannen kann, werden in der hauseigenen Weinschänke, die von Ostern bis Oktober von Donnerstag bis Sonntag geöffnet ist, regionale Spezialitäten und selbst gekelterter Apfelwein gereicht.

Jeden Samstag kreieren wechselnde Köche ein Menü, das auf die Jahreszeit abgestimmt ist. In der Umgebung laden Wälder, Wiesen und Seen zu Spaziergängen und Radtouren ein. Badestellen finden sich am Dammsee (53.413588, 13.616734) und am Großen See (53.393408, 13.580374).

WEST

Auto < 105 Min.; ÖV < 150 Min.

WEEKENDER EDITION

BADESTELLEN
I: 53.413588, 13.616734
II: 53.393408, 13.580374

W E S T

Gastgeber: Edda Müller & Florian Profitlich
Schloßstraße 7, 17291 Nordwestuckermark
Der Mindestaufenthalt beträgt zwei Nächte.
+49 (0) 39859 639 76

info@gutshof-kraatz.de
www.gutshof-kraatz.de

WEEKENDER EDITION

OST

SÜD

NORD

WEST

HAUS

Hans und Otto

LAGE
275 km vom Berliner Zentrum
Anbindung an den ÖV: Born a. Darß Mitte
18375 Born a. Darß

NORD

Hans und Otto

UMGEBUNG
A Bodstedter Bodden
B Ostsee
C Saaler Bodden

Auf der Ostseehalbinsel Darß, unmittelbar am Nationalpark Vorpommersche Boddenlandschaft, liegt das Dorf Born. Umgeben von Wald, Wiese und Wasser stehen hier die beiden Ferienhäuser „Hans und Otto", die in ökologischer Holzbauweise erbaut wurden.

„Hans" bietet Raum für sechs, „Otto" Platz für vier Personen. Beide Häuser stehen auf einem gemeinsamen Grundstück, so dass die Unterkünfte auch gemeinsam von Gruppen bis zu zehn Personen genutzt werden können. Im Erdgeschoss sitzt man im offenen Wohn-, Ess- und Kochbereich zusammen und genießt den Blick ins weite Grün, in der ersten Etage finden sich die Schlafzimmer.

In der Umgebung kommen Naturliebhaber auf ihre Kosten: Zu Fuß gelangt man zum Saaler und Bodstedter Bodden sowie zum Nationalpark. Ein Ausflug zum zwei Kilometer entfernten Darßer Wald und dem feinsandigen Weststrand lohnt sich ebenfalls (54.473381, 12.500117). Nicht weit von den beiden Häusern kann man sich am Saaler Bodden (54.381683, 12.500832) SUP-Boards und Kanus ausleihen oder einen Kitesurfkurs belegen.

Eine ruhige Badestelle am Bodstedter Bodden findet sich am östlichen Ortsrand (54.386672, 12.543152). Weitere Badestellen liegen in Wieck auf dem Darß (54.409071, 12.593699) und Fuhlendorf (54.374203, 12.624239).

Auto < 165 Min.; ÖV < 300 Min.

WEEKENDER EDITION

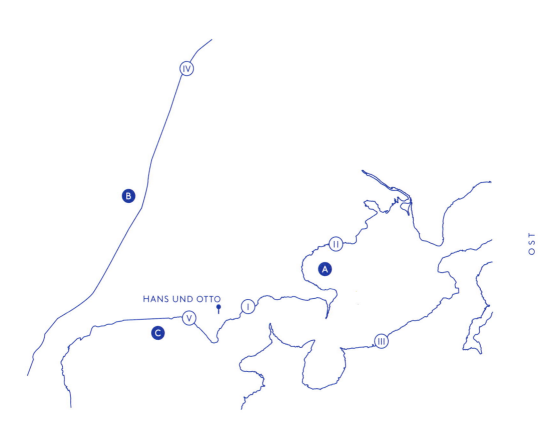

BADESTELLEN
I: 54.386672, 12.543152
II: 54.409071, 12.593699
III: 54.374203, 12.624239
IV: 54.473381, 12.500117
V: 54.381683, 12.500832

NORD

WEST

WEEKENDER EDITION

Gastgeber: Nils Meyer-Ohlendorf
Nordstraße 30a, 18375 Born a. Darß
Der Mindestaufenthalt beträgt während der Ferienzeit
eine Woche, sonst je nach Termin zwei bis drei Nächte.
+49 (0) 38220 669 960
+49 (0) 176 430 612 76

Buchung über www.meerfischland.de
info@meerfischland.de
keinebuchung@hansundotto.de
www.hansundotto.de

OST

SÜD

WEEKENDER EDITION

HAUS

Haus Wieckin

OST

LAGE
280 km vom Berliner Zentrum
Anbindung an den ÖV: Prerower Straße, Wieck a. Darß
18375 Wieck a. Darß

SÜD

[NORD]

Haus Wieckin

UMGEBUND
A Bodstedter Bodden
B Ostsee
C Saaler Bodden

Auch wenn die Anreise aus Berlin etwas länger dauert, lohnt sich der Weg in das romantische Fischerdorf Wieck auf der Halbinsel Fischland-Darß-Zingst. Dort wartet das Haus „Wieckin" auf jeden, der Erholung sucht. Insgesamt können hier bis zu vier Personen entspannen. Aber nicht nur die Nähe zur Ostsee zeichnet das Haus aus, auch die Bauweise macht die Unterkunft zu einem Hingucker.

Für den Entwurf haben die Eigentümer Kerstin Reetz-Schulz und Stefan Schulz den Berliner Architekten Norbert Möhring beauftragt, der in der Region bereits bekannt ist. Im Inneren lädt die gut ausgestattete Küche zum gemeinsamen Kochen ein. Große Fenster sorgen für natürliches Licht.

Die unberührte Natur im Nationalpark Vorpommersche Boddenlandschaft bestimmt die Umgebung, die man am besten mit dem Fahrrad erkundet. Gebadet wird im Bodstedter Bodden in Wieck auf dem Darß (54.409071, 12.593699), in Born auf dem Darß (54.386672, 12.543152) und Fuhlendorf (54.374203, 12.624239). Auch am Saaler Bodden findet sich eine Badestelle (54.381683, 12.500832).

Durchquert man den Darßwald findet man an der Ostseeküste den langgezogenen Weststrand (54.473381, 12.500117), der vom Fernsehsender Arte zu einem der 20 schönsten Strände weltweit gekürt wurde. An diesem etwa 13 Kilometer langen Sandstrand ist die Wahrscheinlichkeit hoch, ein einsames Plätzchen zu finden.

[Auto < 180 Min.; ÖV < 300 Min.]

WEEKENDER EDITION

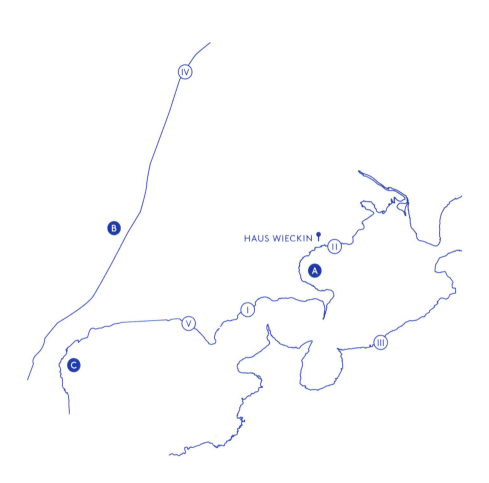

BADESTELLEN
I: 54.386672, 12.543152
II: 54.409071, 12.593699
III: 54.374203, 12.624239
IV: 54.473381, 12.500117
V: 54.381683, 12.500832

NORD

Gastgeber: Kerstin Reetz-Schulz & Stefan Schulz
Kielstraße 11, 18375 Wieck a. Darß
Der Mindestaufenthalt beträgt drei Nächte.
+49 (0) 351 206 13 66
+49 (0) 172 971 27 27

urlaub@wieckin.de
www.wieckin.de

WEST

WEEKENDER EDITION

OST

SÜD

NORD

WEST

HAUS

Herrenhaus Röddelin

LAGE
85 km vom Berliner Zentrum
Anbindung an den ÖV: Röddelin Dorf, Templin
17268 Templin

NORD

Herrenhaus Röddelin

UMGEBUNG
A Großer Mahlgastsee
B Röddelinsee

Was wünscht man sich mehr als ein Haus am See mit eigenem Steg? Das „Herrenhaus Röddelin" macht diesen Traum wahr. Auf einem Hügel thront das weitläufige Anwesen, das Gäste über eine kleine Allee willkommen heißt.

Bis in die 1930er Jahre diente es als Sommerhaus für den Berliner Fondsmakler Botho Müller, ehe die Eigentümer enteignet wurden und das Anwesen zunächst als Offizierskasino und später als Unterkunft des SED-Bürgermeisters genutzt wurde. Nach der Restitution entschied die Familie, das Haus zu verkaufen. David Jackson erwarb und sanierte es.

Heute können auf der 320 m² großen Wohnfläche bis zu zehn Personen in fünf Doppelzimmern übernachten, die sich in den oberen Etagen des Hauses befinden. Von hier aus ist der Seeblick garantiert. Im Erdgeschoss sind Küche, Esszimmer und Wohnzimmer mit Wintergarten untergebracht.

Der ehemalige Ballsaal wurde zur Lounge mit Kamin umfunktioniert. Eingerichtet sind die historischen Räume mit einer stilvollen Kombination aus antiken Möbeln und modernen Elementen. Ein 5000 m² großer Garten mit Wald umgibt das Haus. Über eine Liegewiese haben die Gäste direkten Zugang zum Röddelinsee. Vom Steg aus können Wagemutige direkt ins Wasser springen.

In Hindenburg, am östlichen Ufer des Sees, liegt eine weitere Badestelle (53.097622, 13.454731), wo Kanus und Flöße zur Miete stehen. Wer nach anderen Bademöglichkeiten sucht, wird auch am Großen Mahlgastsee (53.103033, 13.431203) fündig.

WEST

Auto < 90 Min.; ÖV < 135 Min.

WEEKENDER EDITION

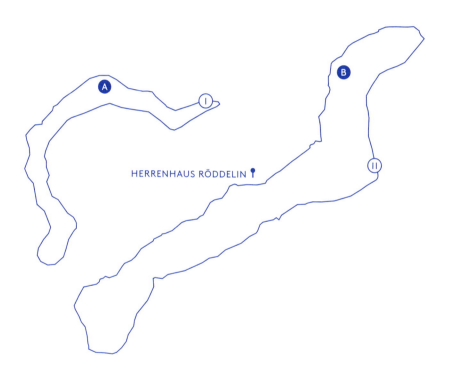

BADESTELLEN
I: 53.103033, 13.431203
II: 53.097622, 13.454731

NORD

WEST

Gastgeber: David Jackson
Röddeliner Dorfstraße 26, 17268 Templin
Der Mindestaufenthalt beträgt während der
Schulferien eine Woche, sonst zwei Nächte.
+49 (0) 176 971 037 67

willkommen@herrenhaus-roeddelin.de
www.herrenhaus-roeddelin.de

WEEKENDER EDITION

SÜD

WEEKENDER EDITION

HOTEL

Kavaliershaus Schloss Blücher – Hotel am Finckener See

OST

LAGE
140 km vom Berliner Zentrum
Anbindung an den ÖV: Bahnhof, Plau am See
17209 Fincken

NORD

Kavaliershaus Schloss Blücher – Hotel am Finckener See

UMGEBUNG
A Finckener See
B Fleesensee
C Großer Kreßinsee
D Kölpinsee
E Müritzsee
F Plauer See

2007 stand das historische „Kavaliershaus am Finckener See" heruntergekommen in der Landschaft, dann bauten es die Berliner Architekten Johanne und Gernot Nalbach zum Hotel um. Bei der Renovierung ließen sie die Geschichte des Hauses weiterleben: 1800 wohnte hier ein Graf von Blücher, später wurde das Anwesen zur Dorfschule umfunktioniert.

Im Restaurant, das heute „Klassenzimmer" heißt, folgt man der Slow-Food-Philosophie und kocht regionaltypische Gerichte, die nicht selten auf Produkte aus der Gegend setzen. Jede der 12 Suiten ist individuell gestaltet und alle folgen einem anderen Designmotiv – mal sind die Räume ganz in Weiß gehalten, mal dominiert helles Holz.

Auf dem Gelände kann man in der hauseigenen Sauna entspannen, am angrenzenden See unter 300 Jahre alten Bäumen lesen, sich auf dem Bootssteg sonnen, schwimmen, paddeln oder Fahrräder ausleihen und zu den umliegenden Seen fahren: Am Südufer des Finckener Sees liegt eine Badestelle (53.353802, 12.437441), aber auch die Müritz (53.393614, 12.626908; 53.396537, 12.626074; 53.430930, 12.582283; 53.479188, 12.626972; 53.486364, 12.632937), der Große Kreßinsee (53.408830, 12.500139), Plauer See (53.468110, 12.347615; 53.488818, 12.320009), Kölpinsee (53.512098, 12.615352) und Fleesensee (53.494521, 12.496501; 53.486776, 12.437049) sind nicht weit entfernt.

Auto < 90 Min.; ÖV < 240 Min.

WEEKENDER EDITION

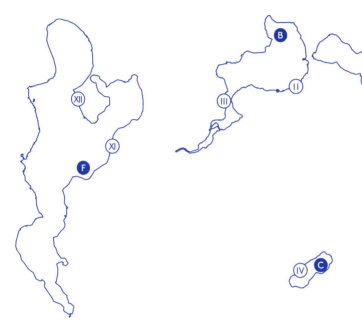

KAVALIERSHAUS
SCHLOSS BLÜCHER

BADESTELLEN
I: 53.353802, 12.437441
II: 53.494521, 12.496501
III: 53.486776, 12.437049
IV: 53.408830, 12.500139
V: 53.512098, 12.615352
VI: 53.486364, 12.632937
VII: 53.479188, 12.626972
VIII: 53.430930, 12.582283
IX: 53.396537, 12.626074
X: 53.393614, 12.626908
XI: 53.468110, 12.347615
XII: 53.488818, 12.320009

NORD

Gastgeber: Johanne & Gernot Nalbach
Hofstraße 12, 17209 Fincken
Der Mindestaufenthalt beträgt zwei Nächte.
+49 (0) 39 922 827 00

kavaliershaus@nalbach-architekten.de
www.kavaliershaus-finckenersee.de

WEST

WEEKENDER EDITION

OST

SÜD   105

NORD

WEST

HAUS

Landgehöft am Feldrain

LAGE
125 km vom Berliner Zentrum
Anbindung an den ÖV: Buchenhain Mitte, Boitzenburger Land
17268 Boitzenburger Land

NORD

Landgehöft am Feldrain

UMGEBUND
A Fürstenauer See
B Krewitzsee
C Mellensee

Im Norden des Boitzenburger Lands, nicht weit von der Feldberger Seenlandschaft, befindet sich das denkmalgeschützte „Landgehöft am Feldrain". Das ehemalige Gesindehaus wurde von Anne Lierow liebevoll saniert und zu einem Ferienhaus umgebaut. Der Gastgeberin lag es am Herzen, die traditionelle Bauweise mit Eichenfachwerk und Lehmwänden zu erhalten. Mit Holzfenstern und neuen Lichtachsen hat sie die ehemals dunkle Kate so in einen hellen, offenen Ort verwandelt.

Auf 300 m^2 Wohnfläche können sich bis zu zwölf Personen ausbreiten. Neben dem Haupthaus befindet sich eine Sauna aus Birkenholz mit Ruheraum und eine Wildobstküche, in der Gäste Früchte wie Maulbeeren, Quitten, Felsenbirnen und Kornelkirschen aus dem 4000 m^2 großen Garten verarbeiten können.

Die Umgebung eignet sich mit ihren Seen und Wäldern zu Erkundungstouren: Am Fürstenauer See (53.335243, 13.526553) und am Krewitzsee (53.289480, 13.550328) sonnt man sich auf Liegewiesen mit Stegen. In der Nähe der kleinen Kapelle in Mellenau findet sich eine weitere Badestelle direkt am Mellensee (53.296036, 13.523688).

WEST

Auto < 90 Min.; ÖV < 180 Min.

WEEKENDER EDITION

LANDGEHÖFT AM FELDRAIN

OST

BADESTELLEN
I: 53.335243, 13.526553
II: 53.289480, 13.550328
III: 53.296036, 13.523688

SÜD

NORD

WEST

Gastgeberin: Dr. Anne Lierow
Buchenhain 23, 17268 Boitzenburger Land
Der Mindestaufenthalt beträgt zwei Nächte,
in Ferienzeiten und über Feiertage fünf Nächte.
+49 (0) 172 597 21 15

anne.ralf.lierow@web.de
www.landgehoeft.de

OST

SÜD

WEEKENDER EDITION

HAUS

Landhaus am See

OST

LAGE
105 km vom Berliner Zentrum
Anbindung an den ÖV: Pinnow, Gerswalde
17268 Gerswalde

SÜD

NORD

Landhaus am See

UMGEBUND
A Oberuckersee
B Pinnower See
C Potzlower See
D Sternhagener See
E Unteruckersee

Mitten in der Uckermark liegt ein kleines Stück Peru: Andrea Ribbers und Andreas Böttcher halten am Pinnower See eine Herde Alpakas. Wer sich in ihr Landhaus einmietet, kann den Tieren ganz nah sein.

Das Feriendomizil gegenüber einer Feldsteinkirche aus dem 13. Jahrhundert bietet Platz für insgesamt vierzehn Gäste, die es sich in sieben Schlafzimmern gemütlich machen können. Bei der Sanierung des ehemaligen Gutshauses, in dem zu DDR-Zeiten Post und Konsum untergebracht waren, ging man sorgfältig vor: Alte Holzfußböden und frei gelegte Balken erzählen bis heute von der Vergangenheit.

Auch die Umgebung lädt zu Entdeckungstouren ein. Zu Fuß oder mit dem Rad erreicht man die Badestellen am Pinnower See (53.214030, 13.793241), Sternhagener See (53.243974, 13.776772; 53.233065, 13.779946), Oberuckersee (53.186879, 13.851956; 53.18127, 13.871041; 53.177918, 13.870664), Unteruckersee (53.306496, 13.861129) und Potzlower See (53.215824, 13.843390).

Auto < 75 Min.; ÖV < 180 Min.

WEEKENDER EDITION

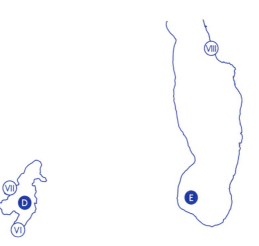

OST

BADESTELLEN
I: 53.177918, 13.870664
II: 53.181270, 13.871041
III: 53.186879, 13.851956
IV: 53.214030, 13.793241
V: 53.215824, 13.843390
VI: 53.233065, 13.779946
VII: 53.243974, 13.776772
VIII: 53.306496, 13.861129

SÜD

NORD

WEST

WEEKENDER EDITION

Gastgeber: Andrea Ribbers & Andreas Böttcher
Pinnow 9, 17268 Gerswalde
Der Mindestaufenthalt beträgt je nach Saison
zwei bis fünf Nächte.
+49 (0) 40 570 50 27
+49 (0) 162 100 08 35

a.ribbers@gmx.de
www.alpakazucht-brandenburg.de

NORD

HAUS

WEST

Märkisches Landhaus N° 8

LAGE
85 km vom Berliner Zentrum
Anbindung an den ÖV: Buchholz (bei Altglobsow), Großwoltersdorf
16775 Großwoltersdorf

NORD

Märkisches Landhaus N° 8

UMGEBUNG
A Globsowsee
B Großer Stechlinsee
C Kleiner Wentowsee
D Roofensee

Das Dorf Bucholz im Naturpark Stechlin-Ruppiner Land sieht aus, als hätte es ein Landschaftsmaler aquarelliert. Eine Straße aus Schotter und Sand führt an Wäldern und Wiesen vorbei zu einer Barockkirche und 22 Häusern – eins davon ist das „Märkische Landhaus N°8".

Auf dem 6000 m² großen Grundstück bietet die Unterkunft Platz für bis zu vier Personen. Die Eigentümerin Anette Stolle, die mit ihrer Familie ebenfalls in Buchholz wohnt, hat hier eine Ruheoase geschaffen. Von jedem Raum aus haben die Gäste freie Sicht auf die Natur. Selbst im Saunabereich kann man die Landschaft durch ein großes Panoramafenster beobachten.

Die Umgebung ist reich an Wäldern und Seen: Das wohl bekannteste und klarste Gewässer ist der Große Stechlinsee im Norden, der von einem alten Buchenwald umgeben ist. Der rund 17 Kilometer lange Wanderweg, der direkt am Ufer entlang führt, lädt zu Spaziergängen und Radtouren ein.

Wer sich erfrischen will, springt ins kristallklare Wasser (53.148583, 13.042231; 53.166331, 13.041202; 53.142134, 13.009496; 53.147466, 13.026962). Weitere Badestellen findet man am Globsowsee (53.129853, 13.118981), am Kleinen Wentowsee (53.074976, 13.175220) und Roofensee (53.105958, 13.042887; 53.108350, 13.044176). Entspannen kann man am Abend in der antiken Bibliothek des Hauses vor dem offenen Kamin.

Auto < 75 Min.; ÖV < 195 Min.

WEEKENDER EDITION

📍 LANDHAUS N°8

OST

BADESTELLEN
I: 53.129853, 13.118981
II: 53.148583, 13.042231
III: 53.147466, 13.026962
IV: 53.142134, 13.009496
V: 53.166331, 13.041202
VI: 53.074976, 13.175220
VII: 53.105958, 13.042887
VIII: 53.108350, 13.044176

SÜD

NORD

WEST

Gastgeberin: Anette Stolle
Forststraße 8, 16775 Großwoltersdorf
Der Mindestaufenthalt beträgt zwei Nächte.
+49 (0) 33082 409 47
+49 (0) 173 875 30 70

info@landhaus-no8.de
www.landhaus-no8.de

WEEKENDER EDITION

OST

SÜD

WEEKENDER EDITION

APARTMENTS

Mein Lychen

OST

LAGE
100 km vom Berliner Zentrum
Anbindung an den ÖV: Apotheke, Lychen
17279 Lychen

NORD

Mein Lychen

UMGEBUNG
A Großer Lychensee
B Wurlsee
C Zenssee

Die Brüder Friedrich und Konrad Niemann haben sich mit „Mein Lychen" den Traum eines eigenen „Bed and Breakfast" erfüllt. Direkt an einem kleinen Kanal, der in den Großen Lychensee fließt, heißen sie die Gäste auf ihrem rund 2000 m² großen Grundstück in vier Zimmern und zwei Studios willkommen.

Die Räume sind nach Regionen wie Transsilvanien, Afrika und Indien benannt, die im Leben der Brüder eine wichtige Rolle gespielt haben: Durch diese emotionale Bindung hat jedes Zimmer seinen eigenen Charme. Stilvolle Möbel im modernen Landhausstil wurden mit Erbstücken kombiniert, die die Brüder teilweise persönlich restauriert haben.

In der Umgebung verbindet das Lychener Seennetz insgesamt sieben Gewässer miteinander: Vom eigenen Bootsanleger aus steigt man direkt auf sein SUP-Board oder paddelt mit einem Kanu los.

Am Großen Lychensee bietet das Strandbad Erfrischung (53.206436, 13.301287). Am Wurlsee (53.221097, 13.301321; 53.221428, 13.282803) und am Zenssee gibt es weitere Badestellen (53.202855, 13.328142; 53.185662, 13.353376). Zum Entspannen trifft man sich abends in der Bibliothek, dem Jagdzimmer mit Schwedenofen und der Sauna mit Schwalldusche.

Auto < 90 Min.; ÖV < 195 Min.

WEEKENDER EDITION

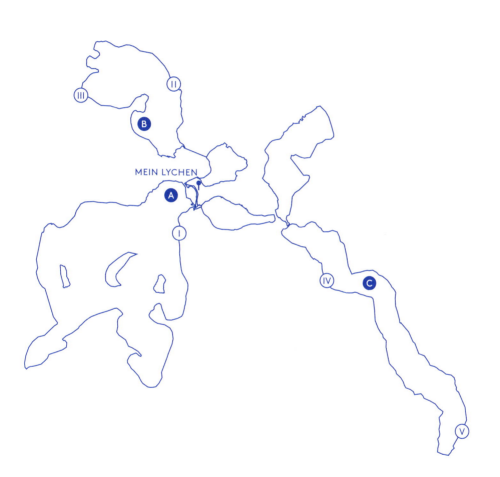

BADESTELLEN
I: 53.206436, 13.301287
II: 53.221097, 13.301321
III: 53.221428, 13.282803
IV: 53.202855, 13.328142
V: 53.185662, 13.353376

NORD

WEST

Gastgeber: Friedrich & Konrad Niemann
Berliner Straße 43, 17279 Lychen
Der Mindestaufenthalt beträgt zwei Nächte.
+49 (0) 39888 522 188

gastgeber@meinlychen.de
www.meinlychen.de

NORD

WEST

PENSION

Mühle Tornow

LAGE
71 km vom Berliner Zentrum
Anbindung an den ÖV: Tornow Am Fließ, Fürstenberg (Havel)
16798 Fürstenberg

NORD

Mühle Tornow

UMGEBUNG
A Großer Wentowsee
B Kleiner Wentowsee

1873 wurde die ehemalige Wassermühle erbaut, seit 2010 empfangen Hubert Schneider und sein Sohn Christian Gäste auf dem denkmalgeschützten Anwesen direkt am Großen Wentowsee: Als Bauingenieur und Koch kümmern sie sich im Team um die Urlauber, die in vier liebevoll sanierten Doppelzimmern und einer Suite Platz finden.

Im Mühlenrestaurant wird regionale Küche serviert, der Hofladen im ehemaligen Getreidespeicher wartet mit saisonalen Spezialitäten für ein Picknick auf. In der Umgebung findet man viele Rad- und Wanderwege, die zu Erkundungstouren einladen.

Ganz in der Nähe können Flöße gemietet werden, mit denen Besucher den Großen Wentowsee vom Wasser aus entdecken (53.058289, 13.233504). Weitere Badestellen findet man am Großen (53.055033, 13.267172) und am Kleinen Wentowsee (53.074976, 13.175220).

Auto < 75 Min.; ÖV < 180 Min.

WEEKENDER EDITION

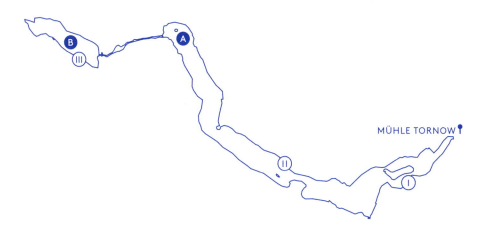

BADESTELLEN
I: 53.055033, 13.267172
II: 53.058289, 13.233504
III: 53.074976, 13.17522

NORD

Gastgeber: Christian Schneider
Neue Straße 1, 16798 Fürstenberg
+49 (0) 33080 404 850

info@muehle-tornow.de
www.muehle-tornow.de

WEST

SÜD 135 OST

WEEKENDER EDITION

HAUS

Naturoase Gustow

OST

LAGE
277 km vom Berliner Zentrum
Anbindung an den ÖV: Altefähr
18574 Gustow

NORD

Naturoase Gustow

UMGEBUNG
A Strelasund

Am Strelasund – der Meerenge, die Rügen vom Festland trennt – liegt der Ort Gustow. Fährt man von hier aus Richtung Westen auf die Halbinsel Drigge, erreicht man Till Jaichs „Naturoase". Hier vermietet er seit 2016 drei Ferienhäuser, die direkt am Ufer liegen und jeweils Platz für bis zu sechs Personen bieten.

Jedes Haus hat eine Wohnfläche von 110 m² mit Balkon, Terrasse und Blick über die Lagune. Umgeben von Wald auf der einen, und Schilf auf der anderen Seite fügen sich die Häuser aus Holz und Naturstein in die Umgebung ein. Unweit der Unterkunft kann man am Badestrand entspannen und in den Strelasund eintauchen (54.296583, 13.194946). Weitere Badestellen findet man auf der Halbinsel Drigge (54.289361, 13.164409; 54.303115, 13.154712; 54.301637, 13.159497).

Wer die Gegend vom Wasser aus erkunden will, mietet bei Till Jaich ein Boot. Der Gastgeber empfiehlt Touren in die benachbarte Lagune „Puddeminer Wiek", die Weltkulturerbe-Stadt Stralsund und zur Biomanufaktur „Landwert-Hof" in Stahlbrode.

Mit dem Fahrrad oder zu Fuß gibt es ebenfalls viel zu entdecken. Folgt man einem kleinen Pfad durch den Wald, gelangt man zur Nachbarlagune „Wamper Wiek". Auch der Hamburg-Rügen Radweg, der Hamburg mit Sassnitz verbindet, führt durch Gustow. Entlang der alten Kleinbahnstrecke fährt man durch die beinahe unangetastete Landschaft.

WEST

Auto < 165 Min.; ÖV < 240 Min.

WEEKENDER EDITION

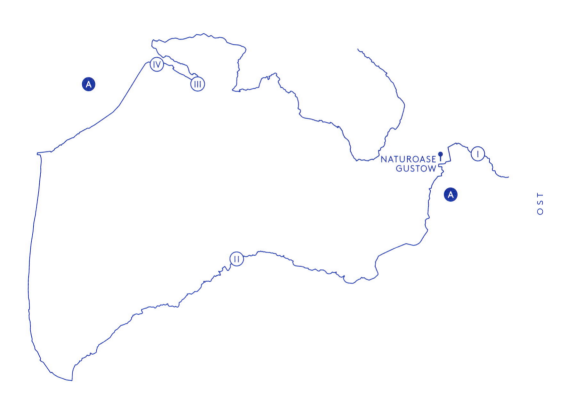

BADESTELLEN
I: 54.296583, 13.194946
II: 54.289361, 13.164409
III: 54.301637, 13.159497
IV: 54.303115, 13.154712

NORD

WEST

Gastgeber: Till Jaich
Am Yachthafen Drigge 1, 18574 Gustow
+49 (0) 38307 419 966

naturoase@im-jaich.de
www.im-jaich.de/naturoase-ruegen

NORD

WEST

HAUS

NewHaus

LAGE
250 km vom Berliner Zentrum
Anbindung an den ÖV: Neuhaus, Dierhagen
18347 Dierhagen

WEEKENDER EDITION

OST

SÜD

NORD

NewHaus

UMGEBUND
A Ostsee
B Saaler Bodden

WEST

Zwischen Ostsee und Saaler Bodden, am Eingang zur Halbinsel Fischland-Darß-Zingst, liegt der kleine Ort Dierhagen. Umgeben von Dünen und Kiefern stehen im Ortsteil Neuhaus die beiden Ferienhäuser „Sand" und „Pine".

Angelehnt an den Namen der Gemeinde haben die Eigentümer Matthias Birkholz und Stephanie Hundertmark dem Ensemble, das vom Berliner Architekten Herbert Hussmann entworfen wurde, den Namen „NewHaus" gegeben. Die dunkle Holzfassade und das helle Interieur sorgen dafür, dass sich die modernen Gebäude gut in die Umgebung einfügen.

Die hochwertige und stilvolle Einrichtung lässt keine Wünsche offen. Auf einer Wohnfläche von je 120 m^2 bieten die Häuser Platz für bis zu acht Gäste. In jedem Haus laden eine Sauna und zwei Terrassen zum Entspannen ein. Zum Ostseestrand sind es nur wenige Schritte durch die Dünen (54.286404, 12.316947). Auch der Saaler Bodden ist nicht weit entfernt. Am einfachsten ist er über den 62 Kilometer langen Radweg durch die Boddenlandschaft zu erreichen.

Auf der Route gibt es eine kleine Badestelle in Langendamm (54.300432, 12.461944) und eine große Liegewiese am Campingplatz in Born auf dem Darß (54.381683, 12.500832), wo man Kite- und Windsurfen lernen und SUP-Boards oder Kanus ausleihen kann.

Auto < 150 Min.; ÖV < 270 Min.

WEEKENDER EDITION

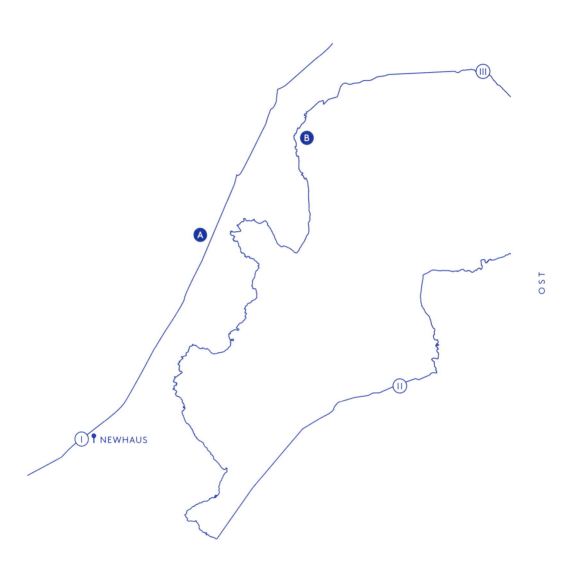

BADESTELLEN
I: 54.286404, 12.316947
II: 54.300432, 12.461944
III: 54.381683, 12.500832

NORD

WEST

Gastgeber: Matthias Birkholz & Stephanie Hundertmark
Zwischen den Kiefern 18, 18347 Dierhagen
Der Mindestaufenthalt beträgt im Sommer eine Woche, sonst zwei Nächte.
+49 (0) 172 394 59 56

hello@newhaus.de
www.newhaus.de

WEEKENDER EDITION

OST

SÜD   147

NORD

WEEKENDER EDITION

APARTMENTS

Re:hof Rutenberg

OST

LAGE
105 km vom Berliner Zentrum
Anbindung an den ÖV: Markt, Lychen
17279 Lychen

NORD

Re:hof Rutenberg

UMGEBUNG
A Clanssee
B Dabelowsee
C Großer Brückentinsee
D Großer Kronsee
E Linowsee

WEST

In der norduckermärkischen Seenlandschaft betreiben die beiden Künstler Marieken Verheyen und Martin Hansen einen Ort, der Entspannung in der Natur verspricht. Dank der Unterstützung des Berliner Architekten Peter Grundmann haben sie einen ehemaligen Pfarrhof mit großem Garten zum „Re:hof Rutenberg" umgebaut.

 Wohnen kann man in Lofts auf dem Heuboden des ehemaligen Stalls, Gartenhäusern zwischen alten Obstbäumen, einer Ferienwohnung im Pfarrhaus und einem weiteren Apartment im Hofgebäude. Hat man sich für ein Domizil entschieden, steht einem das gesamte Gelände des Dreiseithofs zur Verfügung. Dazu gehören ein alter Pfarrgarten, eine Sauna mit Blick ins Grüne, Terrassen, Feuerstellen und eine große Scheune.

 In der Umgebung findet man Seen, Wälder und Wiesen: Der Große Kronsee mit einem kleinen Sandstrand und Steg ist nur ein paar Schritte entfernt (53.246889, 13.309194). Spaziert oder radelt man etwas weiter, findet man schöne Badestellen auf der Herzinsel im Großen Brückentinsee (53.256266, 13.239623), am Clanssee (53.257000, 13.353701), am Linowsee (53.263183, 13.275612) und am Dabelowsee (53.258237, 13.212290; 53.254152, 13.212265).

 Im Hofladen des „Re:hofs" wird Proviant für Tagesausflüge angeboten: saisonales Gemüse, frische Brötchen und alles, was man für ein leckeres Frühstück braucht.

Auto < 105 Min.; ÖV < 120 Min.

WEEKENDER EDITION

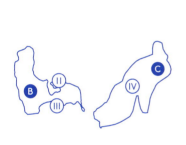

OST

BADESTELLEN
I: 53.257000, 13.353701
II: 53.258237, 13.212290
III: 53.254152, 13.212265
IV: 53.256266, 13.239623
V: 53.246889, 13.309194
VI: 53.263183, 13.275612

SÜD

Gastgeber: Marieken Verheyen & Martin Hansen
Dorfstraße 23, 17279 Lychen
Der Mindestaufenthalt beträgt drei Nächte.
+49 (0) 39888 479 901
+49 (0) 176 727 827 74

gast@rehof-rutenberg.de
www.rehof-rutenberg.de

WEST

OST

SÜD

NORD

WEST

APARTMENT

Rote Scheune

LAGE
96 km vom Berliner Zentrum
Anbindung an den ÖV: Wilmersdorf Bahnhof, Angermünde
17268 Gerswalde

NORD

Rote Scheune

UMGEBUNG
A Oberuckersee
B Potzlower See
C Wrietzensee

WEST

Am Westufer des Oberuckersees liegt der kleine Ort Fergitz. Zusammen mit dem Berliner Architekten Thomas Kröger haben sich Stefanie Schneidler und Matthew Newman hier ein Wochenendhaus der besonderen Art geschaffen. Aus einem um 1900 erbauten Kuhstall, der ehemals zum Gut Suckow der Arnims gehörte, wurde ein Landhaus mit Maisonettewohnung. Teil der Ferienwohnung, in der vier Personen Platz finden, ist ein privater Garten.

    Sieht man dem Haus seine frühere Funktion von außen noch an, so hat sich im Inneren alles verändert. Ein besonderer Hingucker ist das Bad: Es wurde mit weiß-blauen Azulejos gefliest.

    Nördlich der „Roten Scheune" lädt die Badestelle „Karl Flach" zum Schwimmen ein (53.186879, 13.851956). Am gegenüberliegenden Ufer findet sich eine weitere Badestelle (53.181270, 13.871041). Vom Steg am Campingplatz aus kann man den Sonnenuntergang beobachten (53.177918, 13.870664). Auch am Potzlower See (53.215824, 13.843390) und am Wrietzensee (53.175445, 13.834937) ist genug Platz, um sich zu sonnen.

    Wer nicht selbst kochen möchte, kann sich samstags und sonntags im „Großen Garten" (53.169570, 13.748988), einer ehemaligen Schlossgärtnerei im nahe gelegenen Gerswalde, bekochen lassen. Die beiden Japanerinnen Ayumi und Sayuri, die im Ort das „Café zum Löwen" führen, stehen hier am Herd. Geräucherten Fisch und Wein bringt Micha bei „Glut und Späne" auf den Tisch.

Auto < 75 Min.; ÖV < 90 Min.

WEEKENDER EDITION

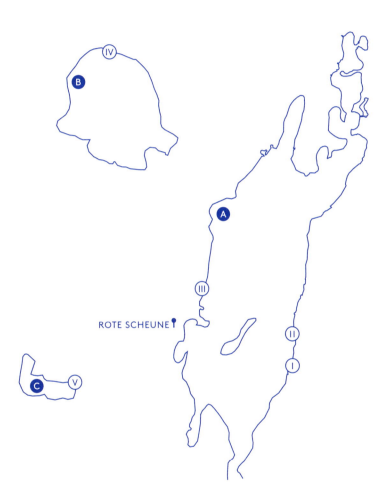

BADESTELLEN
I: 53.177918, 13.870664
II: 53.181270, 13.871041
III: 53.186879, 13.851956
IV: 53.215824, 13.843390
V: 53.175445, 13.834937

| NORD |

Gastgeber: Stefanie Schneidler & Matthew Newman
Ort Fergitz 7, 17268 Gerswalde
Der Mindestaufenthalt ist je nach Saison unterschiedlich.

info@rote-scheune.com
www.rote-scheune.com

WEEKENDER EDITION

OST

SÜD

WEEKENDER EDITION

HOTEL

Seehotel am Neuklostersee

OST

LAGE
240 km vom Berliner Zentrum
Anbindung an den ÖV: ZOB, Neukloster
23992 Nakenstorf

NORD

Seehotel am Neuklostersee

UMGEBUND
A Großer Wariner See
B Neuklostersee

Inmitten des Naturschutzgebietes Sternberger Seenland liegt das „Seehotel am Neuklostersee" – eine einzigartige Hotelanlage, die von den Berliner Architekten Johanne und Gernot Nalbach entworfen wurde. Als das Hotel 1993 seine Eröffnung feierte, gehörte nur ein Klinkerbau und eine reetgedeckte Fachwerkscheune aus dem 19. Jahrhundert zur Anlage. Mittlerweile wurde das Ensemble ausgebaut: Heute bietet das Seehotel insgesamt 26 Zimmer und Suiten sowie drei Ferienhäuser mit eigener Terrasse und Garten.

Der große Hotelpark verfügt über einen eigenen Sandstrand, von dem aus ein Bootssteg in den See führt. Hier springt man direkt ins Wasser oder erkundet den See mit einem Kanu. Zu Fuß schafft man es in knapp zwei Stunden, den See zu umrunden. Wer auf dem Weg eine Schwimmpause einlegen will, findet neben vielen kleinen Einstiegen auch eine große Badestelle im Nordosten (53.864358, 11.701740).

Am nahe gelegenen Großen Wariner See bietet das Strandbad weitere Möglichkeiten, sich zu erfrischen (53.805762, 11.703782). Nach einem Tag in der Natur lässt man sich im Restaurant „Allesisstgut", das im Steinhaus des Seehotels untergebracht ist und 2017 mit dem „Bib Gourmand" von Michelin ausgezeichnet wurde, verwöhnen. Ob frischer Fisch aus der Ostsee, Fleisch von umliegenden Bauernhöfen oder Wild von benachbarten Jägern – bei der Auswahl der Zutaten wird im Sinne des Slow-Food-Gedankens auf Regionalität und Saisonalität gesetzt.

Auto < 135 Min.; ÖV < 240 Min.

WEEKENDER EDITION

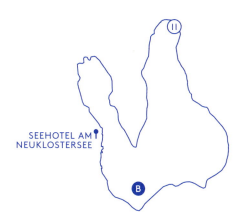

SEEHOTEL AM
NEUKLOSTERSEE

OST

BADESTELLEN
I: 53.805762, 11.703782
II: 53.864358, 11.701740

NORD

WEST

Gastgeber: Johanne & Gernot Nalbach
Seestraße 1, 23992 Nakenstorf
+49 (0) 38422 45 70

seehotel@nalbach-architekten.de
www.seehotel-neuklostersee.de

WEEKENDER EDITION

OST

SÜD

NORD

WEST

PENSION

Smucke Steed

LAGE
444 km vom Berliner Zentrum
Anbindung an den ÖV: Schuldtstraße, Glücksburg (Ostsee)
24960 Glücksburg

NORD

Smucke Steed

UMGEBUNG
A Flensburger Förde

Auf Plattdeutsch bedeutet „Smucke Steed" so viel wie „hübscher Ort". Und die Villa, die heute als Pension betrieben wird, ist so schön, dass sich die Anfahrt nach Glücksburg allemal lohnt. Der Ort liegt fast schon in Dänemark, am Rand des Naturschutzgebiets Schwennautal an der Flensburger Förde.

Bereits im Jahr 1898 nutzte man das Anwesen als Mädchenpensionat, ehe es ab 1921 von der Diakonie Flensburg als Seminarhaus betrieben wurde. Nach dem Verkauf übernahmen die Pächter Tine und Sönke Roß das Haus und gestalteten es nach ihren Vorstellungen um. Insgesamt wurden 16 lichtdurchflutete Zimmer im skandinavischen Stil eingerichtet. Langschläfer können bis 12 Uhr auf der Terrasse frühstücken.

Entlang der Küste Richtung Norden gelangt man an die Spitze der Halbinsel Holnis, den nördlichsten Festlandspunkt Deutschlands. Die Halbinsel lässt sich am besten zu Fuß oder mit dem Fahrrad erkunden. Zum Baden bietet sich der Glücksburger Strand (54.841945, 9.530583) an, den man zu Fuß in wenigen Minuten erreicht. Hier kann man vom Strandkorb aus über die Flensburger Förde nach Dänemark blicken.

Weiter nördlich findet sich eine weitere Badestelle (54.845446, 9.534523). Am Ostufer der Halbinsel in der Ortschaft Drei (54.859333, 9.593386) und weiter östlich in Langballig (54.822609, 9.657092) laden langgezogene Strände zum Entspannen am Wasser ein. Nach einem Ausflug ans Meer kommt die Sauna im Garten, die exklusiv von Pensionsgästen gebucht werden kann, genau richtig.

WEST

Auto < 240 Min.; ÖV < 330 Min.

WEEKENDER EDITION

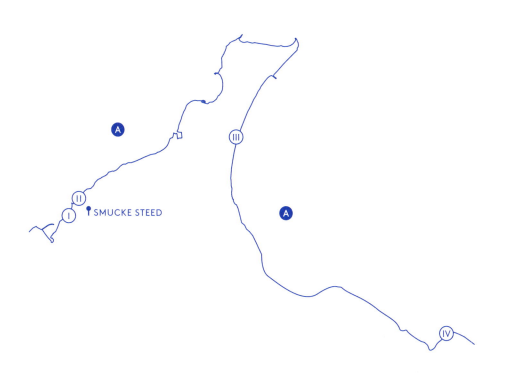

BADESTELLEN
I: 54.841945, 9.530583
II: 54.845446, 9.534523
III: 54.859333, 9.593386
IV: 54.822609, 9.657092

WEST

Gastgeber: Tine & Sönke Roß
Paulinenallee 5, 24960 Glücksburg
Der Mindestaufenthalt beträgt je nach Saison
bis zu drei Tage.
+49 (0) 4631 444 51 61

hallo@smucke-steed.de
www.smucke-steed.de

OST

SÜD

WEEKENDER EDITION

HAUS

Strandwood House

LAGE
325 km vom Berliner Zentrum
Anbindung an den ÖV: Gager
18568 Gager

NORD

Strandwood House

UMGEBUNG
A Ostsee
B Rügischer Bodden

WEST

Das „Strandwood House" im Fischerdorf Gager auf der Rügener Halbinsel Mönchgut fügt sich nahtlos in die Hafenumgebung ein: Das von den umliegenden Bootshäusern inspirierte Holzhaus bietet auf einer Wohnfläche von 130 m^2 Platz für bis zu acht Personen. Große Fenster füllen die Räume, die eine Deckenhöhe von fast acht Metern besitzen, mit Sonnenlicht.

Die Eigentümer haben sich beim Bau bewusst für natürliche Baustoffe entschieden und das Haus liebevoll im skandinavisch-minimalistischen Stil eingerichtet. Von der Terrasse im kleinen Garten hat man einen schönen Blick auf die Hagensche Wiek und das Jagdschloss Granitz auf dem Tempelberg.

Nur hundert Meter vom Haus entfernt, liegt der Boddenstrand (54.309693, 13.680259), ein beliebtes Revier für Kite- und Wind-Surfer. Wassersportler kommen auch am Strand zwischen Klein Zicker und Thiessow auf ihre Kosten (54.276755, 13.701595). Bis zum feinsandigen Strand an der Ostsee (54.302595, 13.715990), der sich zwischen Lobbe und dem Seebad Thiessow über eine Länge von fünf Kilometern erstreckt, sind es zu Fuß oder mit dem Rad nur wenige Minuten.

Spaziergänge und Wanderungen bringen einen in die Zickerschen Alpen, eine mehr als 60 Meter hohe, sanft geschwungene Hügellandschaft im Biosphärenreservat Südost-Rügen. Auch die Ostseebäder Baabe (54.362698, 13.716818) und Sellin (54.382930, 13.700291) sind nicht weit entfernt.

Auto < 210 Min.; ÖV < 330 Min.

WEEKENDER EDITION

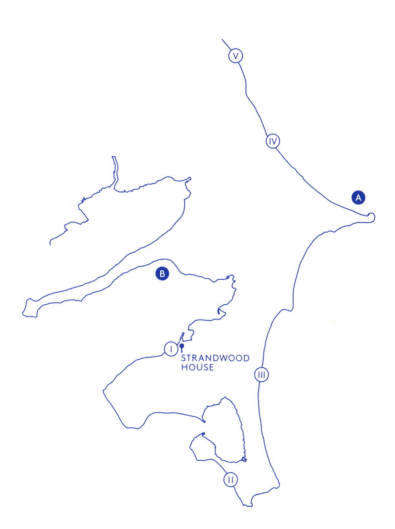

BADESTELLEN
I: 54.309693, 13.680259
II: 54.276755, 13.701595
III: 54.302595, 13.715990
IV: 54.362698, 13.716818
V: 54.382930, 13.700291

NORD

WEST

Gastgeber: Haase & Piltz GbR
Am Hafen 2, 18568 Gager
Der Mindestaufenthalt beträgt in den Ferienzeiten fünf bis sieben Nächte.
+49 (0) 39889 508 683

info@strandwood.de
www.strandwood.de

WEEKENDER EDITION

W

OST

SÜD

NORD

WEST

APARTMENTS

Thomashof Klein Mutz

LAGE
64 km vom Berliner Zentrum
Anbindung an den ÖV: Klein Mutz Bergsdorfer Straße, Zehdenick
16792 Zehdenick

Thomashof Klein Mutz

UMGEBUNG
A Eichlerstich
B Mutzer Stich
C Waldstich

Drei Kilometer westlich der Havelstadt Zehdenick im Ruppiner Seenland befindet sich das Dorf Klein-Mutz. Hier haben Heike und Jörg Thomas einen Vierseithof von 1890 in ein Naturparadies für Großstädter verwandelt: Im ehemaligen Stallgebäude finden sich heute vier Ferienwohnungen für zwei bis vier Personen.

Die Apartments mit offenen Holzbalken und Dielenböden sind mit antiken und modernen Möbeln eingerichtet. Die Frühstückseier kommen hier direkt aus dem Stall auf den Teller. Schließlich halten die Eigentümer neben Schafen auch Hühner. Abends setzt man sich unter den großen Walnussbaum und sieht der Sonne beim Untergehen zu.

Für Naturliebhaber bietet die Umgebung viele Wanderwege, Fahrräder können bei Bedarf geliehen werden. Nicht weit entfernt vom Hof liegt der kleine See Mutzer Stich, an dem man sich auf einer Liegewiese mit Strand und Steg sonnt (52.963158, 13.298051).

Nördlich von Zehdenick findet man am Waldstich (53.000421, 13.343312) und Eichlerstich (53.012126, 13.337051) weitere Badestellen. Wer die Region vom Wasser aus erkunden will, nimmt das Kanu. Heike Thomas empfiehlt bei der Havelrundfahrt, im Gasthaus „Alter Hafen" am Ziegeleipark Mildenberg eine Pause einzulegen.

Auto < 75 Min.; ÖV < 135 Min.

WEEKENDER EDITION

OST

THOMASHOF KLEIN MUTZ

BADESTELLEN
I: 53.012126, 13.337051
II: 52.963158, 13.298051
III: 53.000421, 13.343312

SÜD

NORD

Gastgeber: Heike & Jörg Thomas
Alter Anger 8, 16792 Zehdenick
+49 (0) 3307 302 37 90

info@thomashof-kleinmutz.de
www.thomashof-kleinmutz.de

WEEKENDER EDITION

APARTMENTS

Villa am Trumpf

OST

LAGE
100 km vom Berliner Zentrum
Anbindung an den ÖV: Warnitz (Uckermark)
17291 Oberuckersee

SÜD

NORD

Villa am Trumpf

UMGEBUND
A Entgrützenbruch
B Oberuckersee

Mitten in der Uckermark nahe dem 200-Seelen-Dorf Melzow heißen Anja und Rolf Dau ihre Gäste in der „Villa am Trumpf" willkommen. 1910 als Ferienvilla mit neoklassischen Elementen konzipiert, besticht das Landhaus besonders durch seine direkte Lage an einem kleinen See, dem Entgrützenbruch.

Drei Ferienapartments für zwei bis vier Personen, die sich im Ostflügel der Villa befinden, wurden individuell hergerichtet: Art déco und Neue Sachlichkeit bestimmen die Einrichtung der Wohnung „Vintage" im Erdgeschoss. Englischer Landhausstil und freistehende Holzbalken prägen die Wohnung „Cottage" im ersten Stock. Die Dachgeschosswohnung „Lounge" ist als offener Raum angelegt – mit einem Kamin als Highlight.

Von allen Wohnungen aus genießt man den Ausblick auf den See und die Landschaft. Auf dem Grundstück bietet eine große Terrasse viel Platz zum Sonnen. Entspannen kann man im weitläufigen Garten mit Liegewiese und Holzsteg. Ein paar Meter entfernt, befindet sich eine öffentliche Badestelle (53.174239, 13.895969). Sowohl mit dem Fahrrad als auch zu Fuß erreicht man in wenigen Minuten das Ostufer des Oberuckersees. Hier finden sich zwei weitere Badestellen (53.181270, 13.871041; 53.177918, 13.870664).

Auto < 60 Min.; ÖV < 105 Min.

WEEKENDER EDITION

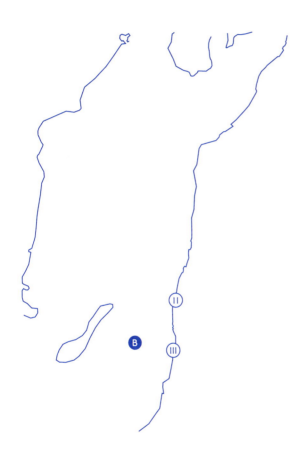

BADESTELLEN
I: 53.174239, 13.895969
II: 53.181270, 13.871041
III: 53.177918, 13.870664

Gastgeber: Anja & Rolf Dau
Gramzower Weg 35–37, 17291 Oberuckersee
Der Mindestaufenthalt beträgt drei Nächte.
+49 (0) 39863 783 57
+49 (0) 172 904 64 66
+49 (0) 178 611 22 39

willkommen@villa-am-trumpf.de
www.villa-am-trumpf.de

WEST

| NORD |

WEST

HAUS

Vorwerk Krewitz

LAGE
114 km vom Berliner Zentrum
Anbindung an den ÖV: Krewitz, Boitzenburger Land
17268 Boitzenburger Land

NORD

Vorwerk Krewitz

UMGEBUNG
A Fürstenauer See
B Großer Petznick See
C Krewitzsee
D Mellensee

WEST

Wer im Grünen abtauchen will, ist im „Vorwerk Krewitz" genau richtig. Das barocke Gutshaus im Boitzenburger Land bietet Platz für bis zu 16 Personen. Das Haus aus dem 18. Jahrhundert wurde von Max und Jolie von Arnim aufwendig restauriert und stilvoll eingerichtet.
　　Der Wohnraum mit Kamin und die Landküche mit einem vier Meter langen Esstisch versprechen gemütliche Abende. Von der Terrasse aus blickt man auf die sechs Hektar große Gartenanlage mit einer historischen Feldscheune, Teichen, Obstgärten und alten Bäumen.
　　Die umliegende Naturlandschaft kann gut auf Wander- oder Radwegen erkundet werden. Nicht weit vom Anwesen befindet sich der Krewitzsee (53.289480, 13.550328), an dem man auf einer Liegewiese mit Steg entspannt. Am Mellensee badet man in der Nähe der kleinen Kapelle (53.296036, 13.523688). Weitere Badestellen gibt es am Fürstenauer See (53.335243, 13.526553) und Großen Petznicksee (53.316771, 13.611049).

Auto < 90 Min.; ÖV < 210 Min.

WEEKENDER EDITION

♦ VORWERK KREWITZ

BADESTELLEN
I: 53.335243, 13.526553
II: 53.316771, 13.611049
III: 53.289480, 13.550328
IV: 53.296036, 13.523688

SÜD

NORD

WEST

Gastgeber: Max & Jolie von Arnim
Krewitz 27, 17268 Boitzenburger Land
+44 (0) 7766 333 098 (UK)

info@vorwerkkrewitz.de
maxvonarnim@hotmail.com
www.krewitz.de

WEEKENDER EDITION

OST

SÜD

NORD

WEEKENDER EDITION

HAUS

Wasserferienwelt Rügen

OST

LAGE
300 km vom Berliner Zentrum
Anbindung an den ÖV: Lauterbach, Rügen
18581 Putbus

NORD

Wasserferienwelt Rügen

UMGEBUNG
A Ostsee
B Rügischer Bodden

Wer schon immer einmal direkt auf dem Wasser übernachten wollte, wird sich in der „Wasserferienwelt Rügen" wohlfühlen. Der Urlauber hat die Wahl zwischen „schwimmenden Häusern", die Platz für zwei bis sechs Personen bieten, und Häusern auf Pfählen, in denen zwei Personen unterkommen können. Egal wie man sich entscheidet, den Ausblick über den Bodden und auf die Insel Vilm wird man genießen.

Zum Baden ist es nicht weit. Entweder man springt direkt von der Terrasse ins Wasser oder steigt über eine Leiter ins kühle Nass. Passende Freizeitangebote stehen ebenfalls auf dem Plan: Man kann Boote, Kajaks oder SUP-Boards mieten, geführte Angeltouren und Segeltörns mit Skipper unternehmen oder gleich den Segelschein machen.

Aber auch an Land wird einem nicht langweilig. Rad- und Wanderwege führen zu Badestellen in Neuendorf (54.335415, 13.484157) und Muglitz (54.340192, 13.552603). Für das typische Ostsee-Feeling empfiehlt sich ein Ausflug zu den Sandstränden in Binz (54.403135, 13.613367), Baabe (54.362698, 13.716818) und Sellin (54.382930, 13.700291).

Auto < 165 Min.; ÖV < 270 Min.

WEEKENDER EDITION

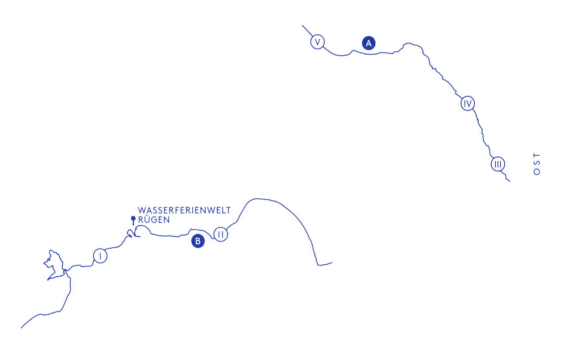

BADESTELLEN
I: 54.335415, 13.484157
II: 54.340192, 13.552603
III: 54.362698, 13.716818
IV: 54.382930, 13.700291
V: 54.403135, 13.613367

NORD

WEST

Gastgeber: Till Jaich
Am Yachthafen 1, 18581 Putbus
+49 (0) 38301 80 90

info@im-jaich.de
www.im-jaich.de/wasserferienwelt-ruegen

NORD

WEST

HAUS

Wasserturm Waren

LAGE
170 km vom Berliner Zentrum
Anbindung an den ÖV: Waren (Müritz)
17192 Waren (Müritz)

NORD

Wasserturm Waren

UMGEBUND
A Binnenmüritz
B Feisnecksee
C Kölpinsee
D Müritz

Auf dem Nesselberg zwischen Binnenmüritz und Feisnecksee steht seit 1897 der „Wasserturm Waren". Von 2010 bis 2011 wurde er denkmalgerecht saniert und beherbergt heute vier Ferienwohnungen für zwei bis sechs Personen.

Jedes Apartment verfügt über eine voll ausgestattete Küche und einen Kamin. Vom Balkon oder der Terrasse aus genießt man die Landschaft: Je höher die Wohnung gelegen ist, desto weiter erstreckt sich der Blick über die Müritz und den Nationalpark.

In der Umgebung findet man mehrere Badestellen – die nächsten liegen am Feisnecksee (53.503061, 12.702041) und der Binnenmüritz (53.517917, 12.664807). Am Schloss Klink (53.479188, 12.626972), an der Klinik in Klink (53.486364, 12.632937), in Ludorf (53.382042, 12.686766), in Sietow-Dorf (53.430930, 12.582283) und in Marienfelde (53.393614, 12.626908; 53.396537, 12.626074) kann ebenfalls nach Herzenslust in der Müritz geschwommen werden. Wer nach Abwechslung sucht, spaziert zum Kölpinsee (53.512098, 12.615352).

Auto < 120 Min.; ÖV < 120 Min.

WEEKENDER EDITION

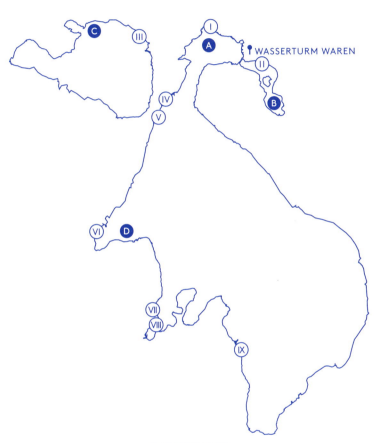

BADESTELLEN

I: 53.517917, 12.664807

II: 53.503061, 12.702041

III: 53.512098, 12.615352

IV: 53.486364, 12.632937

V: 53.479188, 12.626972

VI: 53.430930, 12.582283

VII: 53.396537, 12.626074

VIII: 53.393614, 12.626908

IX: 53.382042, 12.686766

NORD

WEST

WEEKENDER EDITION

Gastgeber: Jan Reininger & Christian Thommes
Auf dem Nesselberg 1, 17192 Waren (Müritz)
Der Mindestaufenthalt beträgt in der Hauptsaison
drei Nächte, sonst zwei Nächte.
+49 (0) 151 416 407 11

wasserturm@bewahren.org
www.wasserturm-waren.de

NORD

WEST

OSTEN

WEEKENDER EDITION

OST

SÜD 209

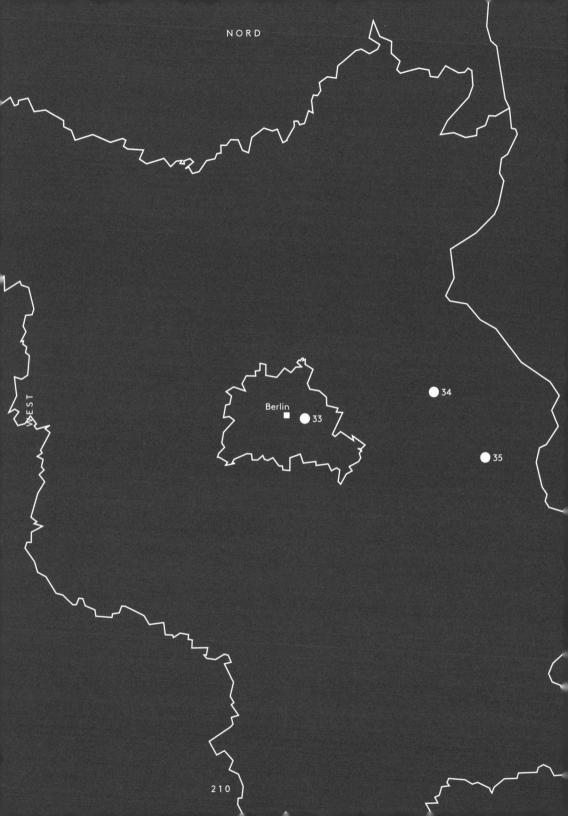

ÜBERSICHT OSTEN

HAUS
33 Modern Houseboat S. 218
34 Villa Honigpumpe S. 224

HOTEL
35 Gut Klostermühle S. 212

NORD

WEST

HOTEL

Gut Klostermühle

LAGE
90 km vom Berliner Zentrum
Anbindung an den ÖV: Alt Madlitz Dorf, Madlitz-Wilmersdorf
15518 Briesen

WEEKENDER EDITION

OSLO

SÜD   213

Gut Klostermühle

UMGEBUNG
A Madlitzer See
B Petersorfer See

Umgeben von Wald liegt am Ufer des Madlitzer Sees das „Gut Klostermühle" – ein Resort, das vor allem für sein Spa bekannt ist. Der Düsseldorfer Architekt Walter Brune hat sich für die behutsame Restaurierung des Anwesens Zeit genommen: Zehn Jahre lang richtete er die herrschaftlichen Häuser her und erweiterte die Anlage.

Entstanden ist eine Wellness-Oase mit 66 Zimmern, sechs Wohnungen und fünf Ferienhäusern. Weil der See nur über das Privatgelände zugänglich ist, sind Ruhe und Privatsphäre garantiert. Auf einer großen Liegewiese kann man sich entspannen, besonders schön liegt es sich aber auf dem kleinen Holzsteg am Südufer (52.378885, 14.312369). Wer Abwechslung sucht, unternimmt einen Waldspaziergang oder mietet ein Boot.

Ein Ausflug zum Petersdorfer See (52.359025, 14.290428) lohnt sich ebenfalls: Mit dem Auto ist man in zehn Minuten da, mit dem Fahrrad braucht man eine Viertelstunde und zu Fuß 45 Minuten. Um den Tag ausklingen zu lassen, empfiehlt sich ein Besuch im hoteleigenen Restaurant „Klosterscheune": Frisch gefangener Zander aus dem Madlitzer See oder Wild aus den umliegenden Wäldern stehen hier auf der Karte. Das Lokal „Klostermühle" tischt moderne, frische, asiatisch inspirierte Küche auf, wobei auch hier auf regionale Zutaten gesetzt wird.

Auto < 75 Min.; ÖV < 120 Min.

WEEKENDER EDITION

BADESTELLEN
I: 52.378885, 14.312369
II: 52.359025, 14.290428

SÜD

NORD

WEEKENDER EDITION

Gastgeber: Walter Brune
Mühlenstraße 11, 15518 Briesen (Mark)
+49 (0) 33 607 592 90

info@gutklostermuehle.com
www.gutklostermuehle.com

OST

WEEKENDER EDITION

HAUS

Modern Houseboat

OST

LAGE
8 km vom Berliner Zentrum
Anbindung an den ÖV: Gustav-Holzmann-Straße, Berlin
10317 Berlin

NORD

Modern Houseboat

UMGEBUNG
A Großer Müggelsee
B Kaulsdorfer Baggerseen

WEST

Wenn der Traum vom eigenen Hausboot noch auf sich warten lässt, überbrückt man die Zeit mit einem langen Wochenende auf dem „Modern Houseboat" in Berlin-Rummelsburg. Es bietet schließlich alles, was sich zwei Großstädter oder eine kleine Familie für einen Kurzurlaub in der Natur wünschen: ein gemütliches Bett, eine voll ausgestattete Küche, ein Sofa und einen kleinen Kamin. Lieber als auf die Einrichtung, schaut man aber nach draußen.

Durch die großen Panoramafenster genießt man den Blick auf das Schilf am Ufer, die Schwäne und den Fernsehturm in der Ferne. Ganz so weit ist die Großstadt dann aber doch nicht entfernt. Wer nicht ohne Zivilisation auskommt, erreicht das Berliner Ostkreuz mit der Tram in einer Viertelstunde.

Auch wenn ein Sprung vom Boot ins Wasser sehr verlockend ist, empfiehlt es sich aufgrund unklarer Wasserqualität, in den umliegenden Seen wie dem Großen Müggelsee baden zu gehen: Während die Strandbäder Müggelsee (52.445720, 13.674330) und Friedrichshagen (52.445806, 13.630662) besonders bei Familien beliebt sind, geht es an den Betonstegen (52.438589, 13.677479) ruhiger zu. Auch die Kaulsdorfer Seen sind einen Ausflug wert: Baden kann man am Habermannsee (52.491465, 13.590953), am Elsensee (52.500958, 13.602474 und am Butzer See (52.501830, 13.591847).

Auto < 15 Min.; ÖV < 30 Min.

WEEKENDER EDITION

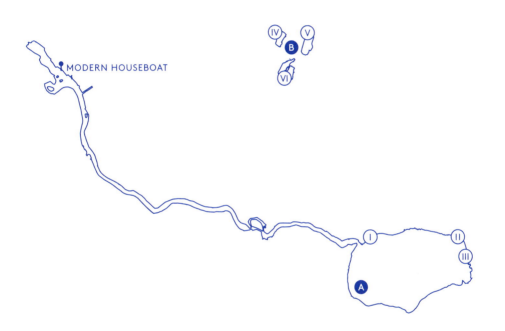

BADESTELLEN

I: 52.445806, 13.630662
II: 52.445720, 13.674330
III: 52.438589, 13.677479
IV: 52.501830, 13.591847
V: 52.500958, 13.602474
VI: 52.491465, 13.590953

WEST

Gastgeber: Christoph & Oliver Laugsch
Gustav-Holzmann-Straße 10, 10317 Berlin
Der Mindestaufenthalt beträgt drei Nächte.
+49 (0) 163 7372509

modernboat@welcomebeyond.com
www.welcomebeyond.com/property/modern-boat

WEEKENDER EDITION

OST

SÜD

NORD

WEST

HAUS

Villa Honigpumpe

LAGE
50 km vom Berliner Zentrum
Anbindung an den ÖV: Markt, Buckow (Märkische Schweiz)
15377 Buckow

NORD

Villa Honigpumpe

UMGEBUND
A Großer Tornowsee
B Schermützelsee

Ein Berliner Schuhfabrikant hat sich die „Villa Honigpumpe" in Buckow 1904 als Sommerfrische-Häuschen eingerichtet, heute können hier bis zu sechs Personen in drei geschmackvoll renovierten Schlafzimmern übernachten und auf der großen, sonnigen Terrasse im Garten entspannen.
 Vom Balkon aus hat man einen atemberaubenden Blick auf den Schermützelsee, der zwar nicht direkt an das Grundstück grenzt, aber nicht weit entfernt ist. In zehn Minuten ist man im Strandbad Buckow (52.574790, 14.070240), das im Sommer zum Sonnen im Sand und auf dem Steg einlädt, bevor es vom Sprungturm aus ins klare Wasser geht, das bis zu 3,8 Meter Sichttiefe verspricht.
 Wer gerne wandert, hat den See in weniger als zwei Stunden umrundet – vorausgesetzt man macht nicht an den vielen, kleinen Uferplätzen Halt. Spaziert man durch die Wälder in Richtung Großer Tornowsee (52.578359, 14.102623), sollte ein Zwischenstopp im Haus Tornow eingeplant werden: Hier versüßt man sich den Nachmittag mit Kaffee und Kuchen.

WEST

Auto < 60 Min.; ÖV < 90 Min.

WEEKENDER EDITION

BADESTELLEN
I: 52.578359, 14.102623
II: 52.574790, 14.070240

NORD

WEST

Gastgeberin: Britta Smyrak
Bertolt-Brecht Straße 37, 15377 Buckow
Der Mindestaufenthalt beträgt zwei Nächte.
+49 (0) 172 516 86 26

britta@looping-magazin.de
www.airbnb.de/rooms/5994466
Facebook: Villa Honigpumpe

WEEKENDER EDITION

OST

SÜD

NORD

WEST

SÜDEN

WEEKENDER EDITION

SÜD   231   OST

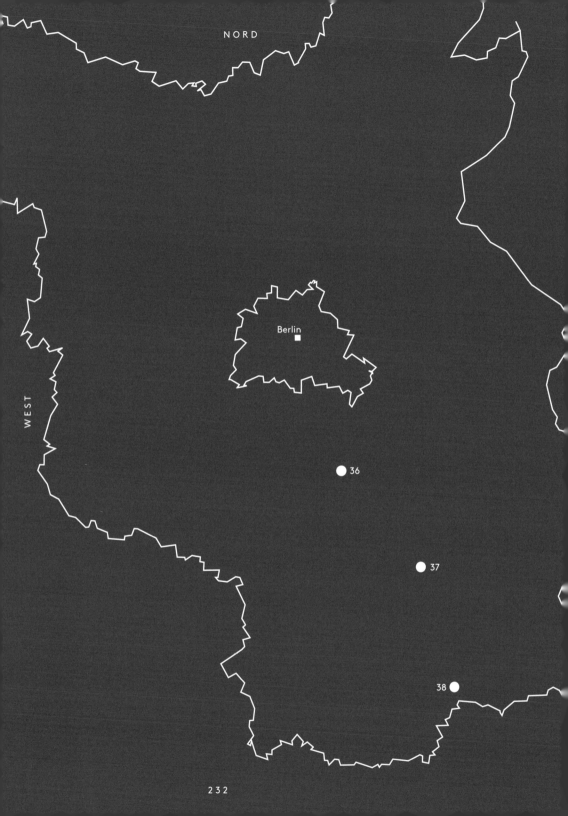

ÜBERSICHT SÜDEN

APARTMENTS
36 Refugium am See S. 246

APARTMENTS / HAUS
38 Lausitzer Seenland Resort S. 240

HAUS
37 Ferienhaus „An der Giglitza" S. 234

NORD

HAUS

WEST

Ferienhaus „An der Giglitza"

LAGE
100 km vom Berliner Zentrum
Anbindung an den ÖV: Lübbenau, Lehde
03222 Lübbenau

Ferienhaus „An der Giglitza"

UMGEBUNG
A Hauptspree
B Kittlitzersee

Über Jahrhunderte hinweg gelangte man nach Lehde im Spreewald ausschließlich auf dem Wasserweg. Theodor Fontane bezeichnete den Ort deshalb auch liebevoll als Lagunenstadt im Taschenformat. Bis heute hat sich nicht viel geändert. Das Auto stellt man auf dem Parkplatz ab. Denn das Ferienhaus „An der Giglitza" erreicht man am besten zu Fuß oder mit dem Boot über die Hauptspree.

Hat man das 1000 m^2 große Areal mit dem reetgedeckten Häuschen erstmal betreten, will man gar nicht mehr weg. Ein Grill sowie Gartenliegen sorgen für Entspannung vor Ort. Wer ohne Boot angereist ist, paddelt im hauseigenen Kanadier und erkundet das Biosphärenreservat vom Wasser aus.

Für alle, die lieber festen Boden unter den Füßen haben, stehen Fahrräder bereit – der „Gurkenradweg" liegt gleich vor der Haustür. Zum Baden fährt man an den Kittlitzersee (51.830033, 13.937893). Besonders für Kinder wird Urlaub in Lehde zum Vergnügen: Hier kommen die Post, Müllabfuhr und Feuerwehr mit dem Kahn.

Auto < 90 Min.; ÖV < 120 Min.

WEEKENDER EDITION

FERIENHAUS AN DER
GIGLITZA

OST

BADESTELLE
l: 51.830033, 13.937893

SÜD

WEST

Gastgeber: Catharina Bertram & Björn Menzel
An der Giglitza 11, 03222 Lübbenau
Der Mindestaufenthalt beträgt in der Ferienzeit eine Woche, sonst vier Nächte.
+49 (0) 177 644 80 91

spreewaldhaus.lehde@gmail.com
www.ferienhaus-spreewald-lehde.de

WEEKENDER EDITION

SÜD

NORD

WEST

WEEKENDER EDITION

APARTMENTS/HAUS

Lausitzer Seenland Resort

OST

LAGE
155 km vom Berliner Zentrum
Anbindung an den ÖV: Bahnhof, Senftenberg
02979 Elsterheide

SÜD

NORD

Lausitzer Seenland Resort

UMGEBUNG
A Geierswalder See
B Partwitzer See
C Senftenberger See

Das „Lausitzer Seenland Resort" liegt am Geierswalder See an der sächsisch-brandenburgischen Grenze. Wo einst ein Kohleabbaugebiet war, bietet das Gelände heute drei schwimmende Ferienhäuser für bis zu sechs Personen sowie zwei Landhäuser, wo bis zu acht Personen Platz finden. Wer weniger Platz benötigt mietet sich ein Apartment im Haus am See.

Benannt sind die Häuser nach Ortschaften, die während des Bergbaubooms weichen mussten. Jedes schwimmende Haus verfügt über bis zu 97 m² Wohnfläche, eine Terrasse und Dachterrasse, wobei die moderne, glasbetonte Konstruktionsweise besonders beeindruckt.

Nach dem Aufwachen kann man es kaum erwarten, vor der eigenen Haustür abzutauchen. Wer nach Abwechslung sucht, findet andere Badeorte in der Nähe. Ein langer Sandstrand (51.497338, 14.128671) mit direktem Zugang zum Wasser liegt am Geierswalder See, der auch mit Booten oder SUP-Boards vom örtlichen Verleih erkundet werden kann. Die Wasserqualität ist hier ausgezeichnet und wer sich treiben lässt, kann oft zwei Meter tief auf den Grund schauen, so klar ist das Wasser.

Auch die anderen Seen in der Umgebung lohnen sich für einen Ausflug. Der Partwitzer See (51.523612, 14.174054) wartet an der nordöstlichen Bucht mit einem Strand auf, der Senftenberger See (51.497955, 14.059384) bietet Sand am südöstlichen Ufer und eine Liegewiese am Nordufer (51.511768, 14.024979).

WEST

Auto < 90 Min.; ÖV < 150 Min.

WEEKENDER EDITION

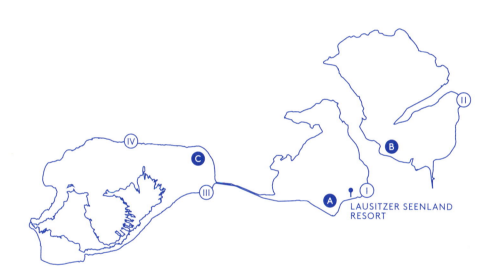

BADESTELLEN

I: 51.497338, 14.128671

II: 51.523612, 14.174054

III: 51.497955, 14.059384

IV: 51.511768, 14.024979

SÜD

NORD

WEST

Gastgeber: Holm & Dirk Nehrig
Wohnhafen Scado 2/3, 02979 Elsterheide
Der Mindestaufenthalt beträgt je nach Saison
drei bis fünf Nächte.
+49 (0) 35 91 496 871

info@lausitzer-seenland-resort.de
www.lausitzer-seenland-resort.de

WEEKENDER EDITION

OST

SÜD

NORD

APARTMENTS

WEST

Refugium am See

LAGE
60 km vom Berliner Zentrum
Anbindung an den ÖV: Kaufhalle, Teupitz
15755 Teupitz

Refugium am See

UMGEBUND
A Teupitzer See

Berühmte Schriftsteller leihen den Ferienwohnungen im „Refugium am See", einem modernen Gebäude an der Uferpromenade des Teupitzer Sees, ihre Namen: Eine barrierefreie Erdgeschosswohnung ist Theodor Fontane gewidmet, die andere Kurt Tucholsky, wobei die Apartments durch eine Terrasse und den Garten mit Seeblick verbunden sind. Bettine von Arnim ist die Patin der Dachterrassenwohnung, die den Besucher ebenfalls mit einer spektakulären Aussicht empfängt.

Bis sich die Besitzer des Hauses, das Frankfurter Ehepaar Monika und Hilmar Bohn, einmal dort niederlassen, stehen die Türen für Feriengäste offen. Obwohl die Sichttiefe des Sees im Sommer oft weniger als einen Meter beträgt, sollte man sich nicht davon abhalten lassen, vom Holzsteg ins Wasser zu springen. Wer die Gegend erkunden will, findet am Teupitzer See neben dem Relax Campingplatz einen Sandstrand (52.129084, 13.592502), während Liegewiesen am südwestlichen (52.132530, 13.589665) und südöstlichen Ufer (52.130576, 13.607063) warten.

Auto < 60 Min.; ÖV < 90 Min.

WEEKENDER EDITION

BADESTELLEN
I: 52.130576, 13.607063
II: 52.129084, 13.592502
III: 52.132530, 13.589665

SÜD

NORD

WEST

Gastgeber: Monika & Hilmar Bohn
Gutzmannstraße 9, 15755 Teupitz
In der Hochsaison beträgt der Mindestaufenthalt sechs Nächte.
+49 (0) 1520 333 39 06

info@refugium-am-see.de
www.refugium-am-see.de

WEEKENDER EDITION

OST

SÜD

NORD

WEST

WESTEN

WEEKENDER EDITION

OST

SÜD 253

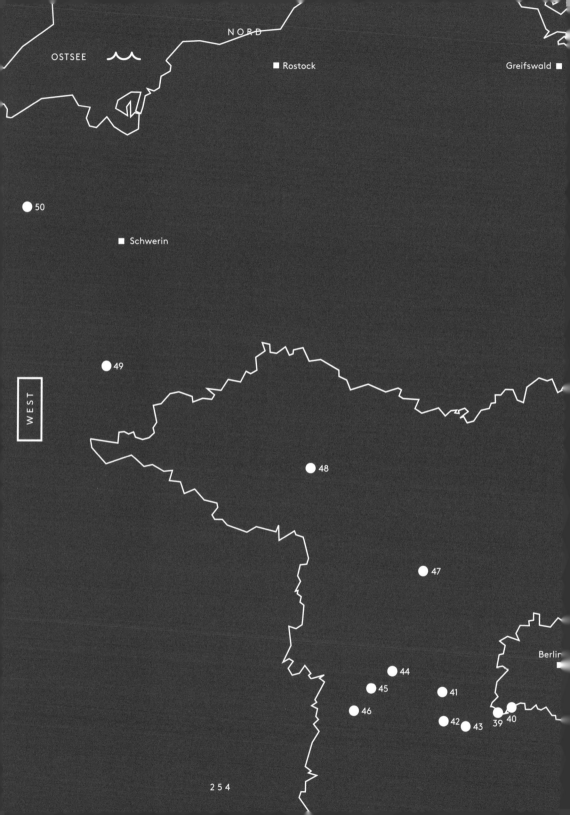

ÜBERSICHT WESTEN

APARTMENTS

50 Bauernkate Klein Thurow S. 256
42 Elisabeth am See S. 262
46 Gut Wendgräben S. 286
45 Havelblau Ferienlofts S. 298
41 Haus am Havelbogen S. 292
48 Hof Obst S. 304
40 Parkchâlet Potsdam S. 310
39 Zimmer mit Ausblick S. 322

APARTMENTS/HAUS

49 Ferienhof Middenmank S. 274
43 Ferienwohnung am Einsteinhaus Caputh S. 280
47 Winterquartier S. 316

HAUS

44 Ferienhaus am Beetzsee S. 268

NORD

APARTMENTS

|WEST| |OST|

Bauernkate Klein Thurow

LAGE
250 km vom Berliner Zentrum
Anbindung an den ÖV: Klein Thurow Abzw., Roggendorf
19205 Klein Thurow

WEEKENDER EDITION

Bauerkate Klein Thurow

UMGEBUNG
A Dutzower See
B Garrensee
C Goldensee
D Kleiner See
E Röggeliner See

Die Wahl-Hamburger Jutta und Frank Strauß stammen ursprünglich aus Köln und Münster, in den letzten Jahren haben sie sich jedoch ein zweites Zuhause geschaffen: In ihrem Wochenendhaus in Klein Thurow begrüßen sie seit 2011 auch Feriengäste. Die denkmalgeschützte Fachwerkkate bewohnten einst Lohnarbeiter, heute können hier vier bis sechs Urlauber mit einer Vorliebe für Patina in zwei Apartments entspannen. Ein weiteres Apartment, das „HeuHostel" mit Heuschlafplätzen, und ein Bed & Breakfast-Zimmer finden sich in der alten Scheune. In der 45 m² großen Ferienwohnung in der Kate kocht man auf einem Herd aus Gusseisen über Holzfeuer, alternativ stehen auch zwei elektrische Kochplatten bereit. Wer den Ententeich und die Koppel erkundet hat, mietet ein Hollandrad oder spaziert durch die Umgebung des Biosphärenreservates.

Im Radius von fünf Kilometern gibt es vier Badeseen mit ebenso vielen Badestellen: Die nähesten und einsamsten liegen am Goldensee (53.689630, 10.922565; 53.691531, 10.940633). Hervorragend schwimmen lässt es sich auch am Röggeliner See (53.738142, 10.927917; 53.734215, 10.933556; 53.725155, 10.925637; 53.729824, 10.946685), am Kleinen See (53.690024, 10.884001), am Dutzower See (53.675183, 10.946108) und am Garrensee (53.690475, 10.856289; 53.688927, 10.855283). Zum Abendessen trifft man sich im Kastanienhof in Bülow. Die „Gläserne Molkerei" in Dechtow versorgt einen mit Proviant für das nächste Picknick.

Auto < 150 Min.; ÖV < 240 Min.

WEEKENDER EDITION

OST

BADESTELLEN
I: 53.675183, 10.946108
II: 53.690475, 10.856289
III: 53.688927, 10.855283
IV: 53.689630, 10.922565
V: 53.691531, 10.940633
VI: 53.690024, 10.884001
VII: 53.725155, 10.925637
VIII: 53.729824, 10.946685
IX: 53.734215, 10.933556
X: 53.738142, 10.927917

SÜD

NORD

WEST

Gastgeber: Jutta & Frank Strauß
Dorfstraße 6, 19205 Klein Thurow
+49 (0) 151 5372 75 50
+49 (0) 170 900 49 59

strauss@bauernkate-klein-thurow.de
www.bauernkate-klein-thurow.de

WEEKENDER EDITION

OST

WEEKENDER EDITION

APARTMENT

Elisabeth am See

OST

LAGE
52 km vom Berliner Zentrum
Anbindung an den ÖV: Schloss Caputh, Schwielowsee
14548 Schwielowsee

SÜD

NORD

Elisabeth am See

UMGEBUNG
A Caputher See
B Glindower See
C Großer Lienewitzsee
D Schwielowsee
E Templiner See

Erbaut im Jahr 1903, war dieses Backsteinhaus in der Gemeinde Caputh am Templiner See lange Zeit Rückzugsort einer Berliner Tuchhändler-Familie. Zwei Weltkriege und einige Jahrzehnte später machte sich der Architekt und Hauserbe Jörg Becker zusammen mit seiner Partnerin Eva Loschky an die behutsame Modernisierung. Heute bietet das „Elisabeth am See" mit seinen 180 m² Platz für bis zu vier Personen. Neben dem Spa-Bereich überzeugt vor allem der fußbodenbeheizte Pavillon im weitläufigen Garten.

Der Wunsch, das Bauwerk mit der Umgebung in Einklang zu bringen, schlug sich in der Auswahl der Baumaterialien nieder. Auch im Inneren ist das Haus geschmackvoll eingerichtet: Designmöbel und Kunstwerke in wechselnden Hängungen sorgen dafür, dass der Rückzugsort alle Sinne anspricht.

Vom Privatsteg aus lässt es sich mühelos in das kühle Wasser des Templiner Sees springen. Wer Richtung Osten schwimmt, wird mit einer unschlagbaren Aussicht auf das Schloss Caputh belohnt. Und wen die Lust auf einen öffentlichen Badeplatz packt: Das Strandbad Templin (52.360742, 13.022004) ist nur wenige Minuten entfernt.

Weitere Badestellen finden sich am Caputher See (52.343029, 12.994715), Glindower See (52.358792, 12.941539, 52.361051, 12.916541), Großen Lienewitzsee (52.315033; 12.984503) und Schwielowsee (52.344004, 12.980110; 52.314066, 12.940741).

WEST

Auto < 60 Min.; ÖV < 60 Min.

WEEKENDER EDITION

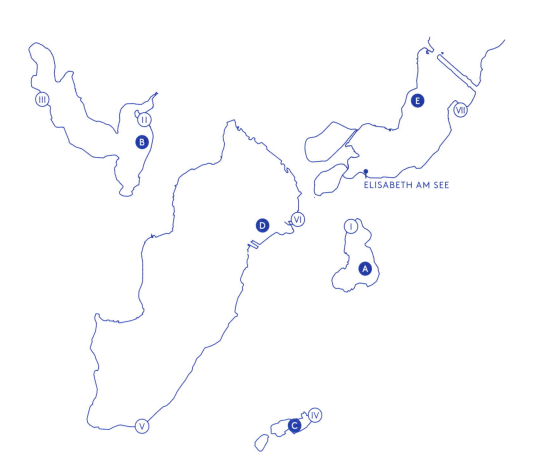

NORD

WEST

Gastgeber: Eva Loschky & Jörg Becker
Krughof 50, 14548 Schwielowsee
Der Mindestaufenthalt beträgt fünf Nächte.
+49 (0) 33209 229 676
+49 (0) 151 1731 95 77

info@elisabeth-am-see.com
www.elisabeth-am-see.com

WEEKENDER EDITION

OST

SÜD

NORD

HAUS

WEST

Ferienhaus Beetzsee

LAGE
63 km vom Berliner Zentrum
Anbindung an den ÖV: Brandenburg Hbf
14778 Lünow

WEEKENDER EDITION

Ferienhaus Beetzsee

UMGEBUNG
A Beetzsee

Wer mit den Kindern ein Wochenende fernab des Großstadttrubels verbringen will, der ist im Dorf Lünow direkt am Beetzsee richtig. Die ehemalige Scheune, die von Familie Woitge liebevoll in ein Landhaus verwandelt wurde, bietet Platz für bis zu drei Familien, die sich im Naturpark Westhavelland auf Entdeckungstour begeben können: Nachdem der 4000 m^2 große Garten mit Teich und Feuerstelle erkundet wurde, schwingt man sich aufs Fahrrad und folgt der Spur des „Storchenradwegs", der einmal um den See führt. Seinen Namen verdankt er den Vögeln, die ihr Zuhause im nahen Schutzgebiet gefunden haben.

Wer lieber auf dem Wasser unterwegs ist, paddelt vom Beetzsee aus in die Brandenburger Altstadt. Erfrischen kann man sich zwischendurch an der Badewiese (52.490437, 12.664944), der Badestelle am Campingplatz (52.501230, 12.665712) und in Bollmannsruh (52.505359, 12.683629).

Auto < 75 Min.; ÖV < 105 Min.

WEEKENDER EDITION

BADESTELLEN
I: 52.490437, 12.664944
II: 52.501230, 12.665712
III: 52.505359, 12.683629

Gastgeber: Familie Woitge
Lünower Dorfstraße 18a, 14778 Lünow
Der Mindestaufenthalt beträgt drei Nächte.
+49 (0) 177 630 82 32

in.luenow@gmail.com
www.beetzsee-ferienhaus.de

WEEKENDER EDITION

OST

SÜD

NORD

WEST

WEEKENDER EDITION

APARTMENTS/HAUS

Ferienhof Middenmank

OST

LAGE
200 km vom Berliner Zentrum
Anbindung an den ÖV: Ludwigslust
19288 Ludwigslust

SÜD

NORD

Ferienhof Middenmank

UMGEBUNG
A Alte Elde
B Elde
C Neustädter See

WEST

Mehr als nur dabei – auf dem „Ferienhof Middenmank" wird diesem Spruch Leben eingehaucht, schließlich bedeutet das Wort „middenmank" auf Plattdeutsch soviel wie „mittendrin". Für Familien, die eine Auszeit suchen, bietet der Hof alles, was man braucht: Das alte Bauernhaus im Dorf Glaisin wurde vom Architektenpaar Britta Paarmann und André Schuldt in einen Rückzugsort umgebaut.
    Auf zwei Etagen entstanden so sechs stilvolle Ferienwohnungen. Das kleinste Apartment heißt „Boen Achtern", ist 30 m^2 groß und ideal für zwei Personen oder Eltern mit einem Kleinkind. Die großzügige Dielenwohnung „Däl" bietet auf 80 m^2 vier Erwachsenen und vier Kindern jede Menge Platz zum gemeinsamen Kochen, Spielen und Entspannen.
    Wer sich morgens verwöhnen lassen möchte, bucht eine Frühstückskiste, die direkt vor die Wohnungstür geliefert wird. Kinder werden hier in eine Bullerbü-Bilderbuchwelt versetzt: Durch kleine „Kiekfenster" können sie Schafe beobachten, im Kanal versuchen sie ihr Glück als Angler und mit dem Kanu wird die Alte Elde erkundet. Zum Baden geht es an den Neustädter See (53.391713, 11.577178; 53.396003, 11.558821) – für eine Tagestour dorthin stehen Räder bereit.

Auto < 135 Min.; ÖV < 120 Min.

WEEKENDER EDITION

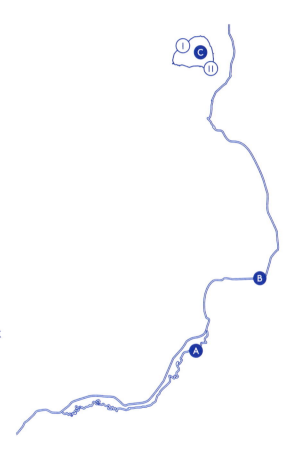

BADESTELLEN
I: 53.396003, 11.558821
II: 53.391713, 11.577178

NORD

WEST

Gastgeber: Britta Paarmann & André Schuldt
Zum Schnellberg 16, 19288 Ludwigslust
Der Mindestaufenthalt beträgt in der Ferienzeit eine Woche, sonst zwei Nächte.
+49 (0) 3875 420 111

info@middenmank.de
www.middenmank.de

WEEKENDER EDITION

OST

SÜD

NORD

WEST

APARTMENT/HAUS

Ferienwohnung am Einsteinhaus Caputh

LAGE
43 km vom Berliner Zentrum
Anbindung an den ÖV: Caputh Am Torfstich, Schwielowsee;
Caputh, Gertrud-Feiertag-Haus, Schwielowsee (ab Sommer 2018)
14548 Schwielowsee

NORD

Ferienwohnung am Einsteinhaus Caputh

UMGEBUNG
A Caputher See
B Glindower See
C Großer Lienewitzsee
D Schwielowsee
E Templiner See

WEST

In Caputh, wo einst Albert Einstein seine Sommer verbrachte, hat die Architektin Anja Kaie ein Haus geschaffen, das das Beste aus zwei Welten vereint: Das Holzhaus, in dem sie selbst lebt, ist großzügig und lichtdurchflutet wie ein Loft, gleichzeitig aber ökologisch optimiert.

Bis zu vier Gäste können in der zum Garten gelegenen Ferienwohnung mit großen Panoramafenster übernachten. Auf der Terrasse und im kleinen Zen-Garten kann man entspannen, im Pool und in der Sauna die Seele baumeln lassen.

Direkt hinter dem Haus liegt ein Waldgebiet, das sich für lange Wanderungen und Radtouren anbietet. Wer den Templiner See vom Wasser aus erkunden möchte, kann bei Moisl (52.362079, 13.022754) oder Bothe (52.348123, 12.989884) zwischen verschiedenen Wasserfahrzeugen wählen.

Zum Baden geht es an den Caputher See (52.343029, 12.994715), den Großen Lienewitzsee (52.315033; 12.984503), den Schwielowsee (52.344004, 12.980110; 52.314066, 12.940741), Templiner See (52.360742, 13.022004) oder Glindower See (52.358792, 12.941539; 52.361051, 12.916541).

Den Tag lässt man in der Sommerbar von „Magix Wakeboarding" nördlich des Eisenbahndamms am Templiner See (52.365320, 13.028451) ausklingen, von wo aus man den Sonnenuntergang über dem See genießen kann. Auf Anfrage steht auch das gesamte Haus zur Miete – bis zu acht Personen finden hier Platz.

Auto < 45 Min.; ÖV < 60 Min.

WEEKENDER EDITION

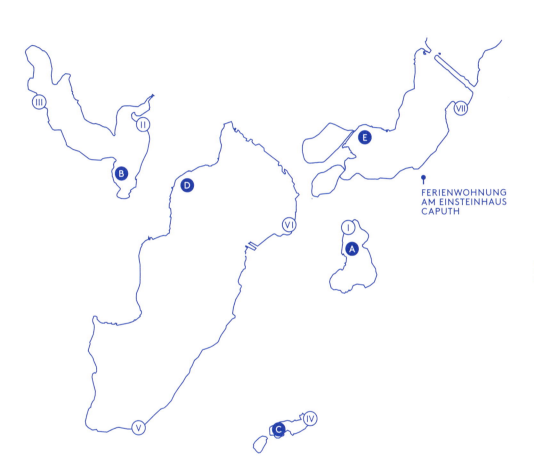

BADESTELLEN
I: 52.343029, 12.994715
II: 52.358792, 12.941539
III: 52.361051, 12.916541
IV: 52.315033, 12.984503
V: 52.314066, 12.940741
VI: 52.344004, 12.980110
VII: 52.360742, 13.022004

NORD

Gastgeberin: Anja Kaie
Am Waldrand 7, 14548 Schwielowsee
Der Mindestaufenthalt beträgt in der Ferienzeit eine Woche, sonst zwei Nächte.
+49 (0) 1520 888 43 83

anja.kaie@gmx.de
www.urlaub-caputh.de

WEST

WEEKENDER EDITION

SÜD   OST

NORD

WEEKENDER EDITION

APARTMENTS

Gut Wendgräben

OST

LAGE
100 km vom Berliner Zentrum
Anbindung an den ÖV: Malge, Brandenburg an der Havel
14776 Brandenburg an der Havel

NORD

Gut Wendgräben

UMGEBUNG
A Breitlingsee
B Möserscher See
C Plauer See
D Wendsee

„Gut Wendgräben" wird von den Betreibern nicht ohne Grund „die kleine Toskana vor den Toren Berlins" genannt. Denn rein atmosphärisch fühlt man sich hier rund tausend Kilometer Richtung Süden versetzt, obwohl der denkmalgeschützte Komplex in Brandenburg an der Havel, nicht weit vom Breitlingsee und Möserschen See, liegt.

Flankiert von Wäldern und Feldern ist „Gut Wendgräben" idyllisch gelegen und verfügt über elf separate Ferienwohnungen, die sich auf ein Hauptgebäude, ein Nebengebäude und ein barockes Herrenhaus verteilen.

Um den Vorstellung des Eigentümers zu entsprechen, wurde das Anwesen aufwendig renoviert. Sowohl der Breitlingsee als auch der Möserscher See sind zu Fuß in weniger als 30 Minuten zu erreichen. An den Ufern finden sich mehrere Badeplätze: Der Strand (52.372170, 12.480196) im Wald des Breitlingsees eignet sich bestens für begeisterte Schwimmer.

Nicht weit von hier findet sich ein Bootsverleih und das „Malge Gasthaus am See" (52.369637, 12.472219), das für Verpflegung sorgt. Der große Rasen am Möserschen See (52.366753, 12.446595) eignet sich hervorragend, um an seinem Teint zu arbeiten. Einen weiteren Badeplatz erreicht man über das Westufer (52.375336, 12.433165) in der Nähe von Kirchmöser. Wer Abwechslung sucht, findet sie in der Nachbarschaft: am Plauer See (52.405013, 12.417141) oder Wendsee (52.403275, 12.407276).

WEST

Auto < 90 Min.; ÖV < 120 Min.

WEEKENDER EDITION

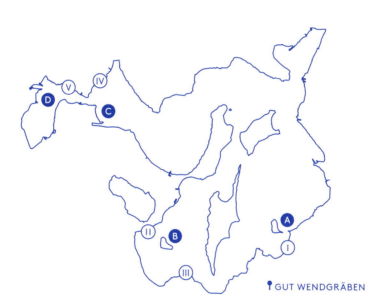

BADESTELLEN
I: 52.372170, 12.480196
II: 52.375336, 12.433165
III: 52.366753, 12.446595
IV 52.405013, 12.417141
V: 52.403275, 12.407276

Gastgeber: Alexander Burger
Wendgräben 19, 14776 Brandenburg an der Havel
Gut Wendgräben ist ein beliebtes Ziel für Hochzeits-
feiern und während der Hauptsaison am Wochenende
meist ausgebucht.
+49 (0) 172 916 27 74

mail@gut-wendgraeben.de
www.gut-wendgraeben.de

NORD

APARTMENTS

WEST

Haus am Havelbogen

LAGE
49 km vom Berliner Zentrum
Anbindung an den ÖV: Bismarckhöhe, Werder (Havel)
14542 Werder (Havel)

NORD

Haus am Havelbogen

UMGEBUNG
A Glindower See
B Großer Plessower See
C Großer Zernsee
D Potsdamer Havel in Werder
E Schwielowsee

WEST

Unmittelbar an der Havel mit Blick auf die Inselstadt Werder steht ein Gebäude, das aussieht, als sei es während der Bauhaus-Ära errichtet worden. Dabei wurde die schlicht-elegante Architektur des „Hauses am Havelbogen" erst 2011 fertiggestellt. Mit seinen zwei modernen Ferienwohnungen aus Sichtbeton bietet es genug Platz für vier bis sechs Personen.

Im Sommer toben die Kinder im Garten, Eltern grillen oder sonnen sich auf dem Holzsteg. Der Garten geht in einen Uferpark über, von wo aus man sein Kanu oder Kajak zu Wasser lassen kann. Wer ohne Boot angereist ist, leiht sich den hauseigenen Kanadier.

Aber auch zu Fuß lässt sich die Umgebung leicht erkunden: Einen Spaziergang nach Petzow in den Schlossgarten und zur Schinkelkirche sollte man einplanen – vom Turm aus kann man den Blick auf den Schwielowsee schweifen lassen.

Die Umgebung wartet mit zahlreichen Badeplätzen auf: Schwimmer suchen sich ein ruhiges Plätzchen an der Potsdamer Havel in Werder (52.383661, 12.93754; 52.380405, 12.938687), am Glindower See (52.361051, 12.916541; 52.358792, 12.941539), am Großen Plessower See (52.378617, 12.908166), am Schwielowsee (52.344004, 12.980110; 52.314066, 12.940741) oder am Großen Zernsee (52.406601, 12.946644).

Auto < 60 Min.; ÖV < 75 Min.

WEEKENDER EDITION

BADESTELLEN

I: 52.358792, 12.941539
II: 52.361051, 12.916541
III: 52.378617, 12.908166
IV: 52.406601, 12.946644
V: 52.383661, 12.937540
VI: 52.380405, 12.938687
VII: 52.344004, 12.980110
VIII: 52.314066, 12.940741

NORD

Gastgeber: Elmar Busch
Am Havelbogen 7, 14542 Werder (Havel)
Der Mindestaufenthalt beträgt zwei Nächte.
+49 (0) 173 255 25 41

haus-am-havelbogen@t-online.de
www.haus-am-havelbogen.de

WEST

WEEKENDER EDITION

OST

SÜD

WEEKENDER EDITION

APARTMENTS

Havelblau Ferienlofts

OST

LAGE
75 km vom Berliner Zentrum
Anbindung an den ÖV: Luckenberger Straße, Brandenburg an der Havel
14770 Brandenburg an der Havel

SÜD

NORD

Havelblau Ferienlofts

UMGEBUNG
A Beetzsee
B Brandenburger Niederhavel
C Breitlingsee
D Möserscher See
E Plauer See
F Wendsee

WEST

Auf einem ehemaligen Industriegebiet in Brandenburg an der Havel lässt man die Großstadtseele baumeln. In einer alten Färberei trifft Industriecharme auf stilsichere Einrichtung und direkten Havelzugang. Die 15 bis zu 108 m² großen Lofts bestechen durch moderne Einbauküchen, ebenerdige Duschen und viele Möbelklassiker.

Jedes der „Havelblau Ferienlofts" hat einen Zugang zur Liegewiese mit integriertem Grillplatz und damit auch eine direkte Verbindung zur Havel. An heißen Tagen kann man direkt vom eigenen Bootssteg in die Brandenburger Niederhavel springen (52.406811, 12.545872). Am Steg können auch Ruderer anlegen und die umlegenden Seen erkunden.

Über die Havel oder mit dem Fahrrad sind Badestellen am Breitlingsee (52.372170, 12.480196), Möserscher See (52.375336, 12.433165; 52.366753, 12.446595), Plauer See (52.405013, 12.417141), Wendsee (52.403275, 12.407276) und Beetzsee (52.427592, 12.563153) gut erreichbar.

Auto < 75 Min.; ÖV < 75 Min.

WEEKENDER EDITION

BADESTELLEN
I: 52.427592, 12.563153
II: 52.406811, 12.545872
III: 52.372170, 12.480196
IV: 52.366753, 12.446595
V: 52.375336, 12.433165
VI: 52.405013, 12.417141
VII: 52.403275, 12.407276

NORD

WEST

WEEKENDER EDITION

Gastgeberin: Wera Delfs
Zur Kammgarnspinnerei 18,
14770 Brandenburg an der Havel
+49 (0) 3381 250 740
+49 (0) 171 565 27 05

info@havelblau.de
www.havelblau.de

OST

SÜD

303

NORD

APARTMENTS

| WEST |

Hof Obst

LAGE
125 km vom Berliner Zentrum
Anbindung an den ÖV: Brüsenhagen Dorf, Gumtow
16866 Gumtow

Hof Obst

UMGEBUNG
A Borker See
B Gantikower See
C Mühlenteich
D Salzsee

Das Anwesen verdankt seinen Namen nicht nur den Besitzern Julia und Rouven Obst, die das alte Bauernhaus im Herzen der Prignitz nach historischem Vorbild hergerichtet haben. Auch der sechs Hektar große Garten mit seinen Obstbäumen und Sträuchern stand bei der Namensgebung Pate.

Seit 2007 erweitert die Familie den Hof Stück für Stück, um einen Ort zu schaffen, an dem Selbstversorgung und Nachhaltigkeit groß geschrieben werden. Ohne Schafe, Hühner, Ponys und die beiden Hofkatzen Tiger und Pfote wäre ihr Leben auf dem Land kaum vorstellbar.

Davon sollen auch die Gäste profitieren: Sie sind nicht nur eingeladen, eine der beiden Ferienwohnungen im Gutshaus zu beziehen, sondern dürfen sich auch im kleinen Hofladen eindecken, Biogemüse aus dem Garten ernten und auf dem Feld aushelfen.

Auch in der Umgebung gibt es viel zu entdecken. Große und kleine Vogelforscher halten Ausschau nach Störchen, Schleiereulen und Kranichen, die in der Region heimisch sind. Auf der Suche nach der passenden Badestelle hat man die Wahl zwischen dem Gantikower See (52.977146, 12.350162), dem Mühlenteich (53.032363, 12.441733), dem Borker See (53.022969, 12.433489) und dem Salzsee (53.010183, 12.429123).

Auto < 90 Min.; ÖV < 120 Min.

WEEKENDER EDITION

▾ HOF OBST

BADESTELLEN
I: 53.022969, 12.433489
II: 52.977146, 12.350162
III: 53.032363, 12.441733
IV: 53.010183, 12.429123

WEEKENDER EDITION

Gastgeber: Julia & Rouven Obst
Brüsenhagen 28 (vormals Dorfstraße 28),
16866 Gumtow
Der Mindestaufenthalt beträgt zwei Nächte.
+49 (0) 33976 706 61

fewo@hof-obst.de
www.hof-obst.de

OST

SÜD

WEEKENDER EDITION

APARTMENTS

Parkchâlet Potsdam

OST

LAGE
36 km vom Berliner Zentrum
Anbindung an den ÖV: Schloss Babelsberg, Potsdam
14482 Potsdam

NORD

Parkchâlet Potsdam

UMGEBUNG
A Havel
B Heiliger See
C Tiefer See

WEST

Inmitten der Potsdamer Parklandschaft, eingebettet zwischen dem Babelsberg und Böttcherberg, ließ Prinz Carl von Preußen zehn Schweizerhäuser errichten und gestaltete die umgebende Landschaft mit Aussichtstempel, Schlucht und Steinsetzungen.

Zu DDR-Zeiten mussten einige der Gebäude dem Mauerbau weichen. Auf den erhaltenen Grundmauern errichtete der Architekt Gerald Kühn-von Kaehne einen Wiederaufbau als Update der Schweizer Bautradition. Historische Elemente wie Schieferdächer und umlaufende Balkone wurden mit Panoramafenstern und verglasten Giebeln kombiniert. Seit 2015 lässt es sich in sechs individuellen Apartments entspannen.

Gelegen an einem Ausläufer des Glienicker Parks führen zahlreiche Wander- und Radwege zu den umliegenden Schlössern und Gärten, zur Liebermann Villa, zur Pfaueninsel, zum Museum Barberini, in die russische Kolonie oder ins Holländische Viertel.

Abkühlung versprechen die Havel (52.429762, 13.129522), der Tiefe See (52.402529, 13.081921) sowie der Heilige See (52.410891, 13.072492; 52.415689, 13.076413) mit seinem Blick auf das Marmorpalais. Und sollte einen auf dem Berg doch die Stadtlust packen: Potsdams Zentrum und Berlin sind nicht weit.

Auto < 45 Min.; ÖV < 60 Min.

WEEKENDER EDITION

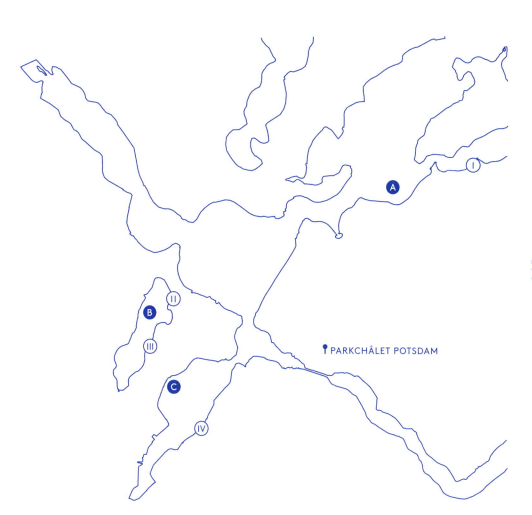

BADESTELLEN
I: 52.429762, 13.129522
II: 52.415689, 13.076413
III: 52.410891, 13.072492
IV: 52.402529, 13.081921

NORD

WEST

Gastgeberin: Pia von Kaehne
Louis-Nathan-Allee 9, 14482 Potsdam
Der Mindestaufenthalt beträgt vier Nächte.
+49 (0) 160 157 10 11

info@parkchalet-potsdam.de
www.parkchalet-potsdam.de

WEEKENDER EDITION

OST

SÜD

NORD

APARTMENTS/HAUS

| WEST |

Winterquartier

LAGE
73 km vom Berliner Zentrum
Anbindung an den ÖV: Dechtow Kirche, Fehrbellin
16833 Dechtow

NORD

Winterquartier

UMGEBUND
A Alter Rhin
B Bützsee

In einem ehemaligen Stallgebäude auf dem Hof von Bettina und Jens Winter in Dechtow findet sich das „Winterquartier". Hinter der Backsteinfassade verbirgt sich ein modernes 200 m² großes Ferienhaus mit alten Holzbalken, Kamin und Fußbodenheizung. Auf Wunsch lassen sich die Remise und der alte Heuboden durch eine mobile Wand auch als jeweils 100 m² große separate Ferienwohnungen nutzen.

Im eigenen Garten direkt vor dem Haus kann man ausgiebig entspannen. Den nahegelegenen Alten Rhin erkundet man mit den hauseigenen Kanus. Auf der 29 Kilometer langen „Hakenberger Runde" lernt man Bützsee, Ruppiner See und Mühlrhin vom Wasser aus kennen. Alternativ steigt man aufs Rad und entdeckt auf dem „Havelland-Radweg" die ausgezeichneten Landwirte der Region. Wer einfach nur am See entspannen möchte, fährt mit dem Fahrrad knapp eine Stunde an Wiesen und Feldern entlang bis zum Bützsee (52.837765, 12.897649).

Auto < 60 Min.; ÖV < 165 Min.

WEEKENDER EDITION

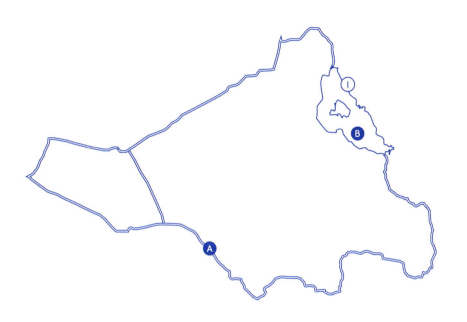

♦ WINTERQUARTIER

BADESTELLE
I: 52.837765, 12.897649

Gastgeber: Bettina & Jens Winter
Dorfstraße 29, 16833 Dechtow
Der Mindestaufenthalt beträgt zwei Nächte.
+49 (0) 33922 902 50
+49 (0) 173 811 05 28

winterquartier@dechtow.de
www.winterquartier.dechtow.de

WEEKENDER EDITION

SÜD

NORD

WEST

WEEKENDER EDITION

APARTMENTS

Zimmer mit Ausblick

OST

LAGE
36 km vom Berliner Zentrum
Anbindung an den ÖV: Schloss Babelsberg, Potsdam
14482 Potsdam

SÜD

Zimmer mit Ausblick

UMGEBUNG
A Havel
B Heiliger See
C Tiefer See

Ob im beschaulichen Gartenzimmer oder im Seeapartment – in der Unterkunft „Zimmer mit Ausblick" hält jeder Raum, was er verspricht. Eingefügt in die Potsdamer Parklandschaft geben die vier modernen Apartments und ein Doppelzimmer im gründerzeitlichen Wohnhaus an der Parkbrücke, das 1895 erbaut und 2001 restauriert wurde, einen einzigartigen Blick auf den Babelsberger Park und die Glienicker Lake frei.
 Im hauseigenen Garten des Anwesens kann man den Tag mit einem ausgedehnten Frühstück beginnen oder nach einem Ausflug unter den Obstbäumen einen Mittagsschlaf halten.
 Klein-Glienicke ist ein idealer Ausgangspunkt für ausgedehnte Radtouren ins Umland nach Berlin oder Brandenburg. Auch zu Potsdams Stadtmitte, Schlössern, Gärten und Museen ist es nicht weit. Gebadet werden kann im Tiefen See (52.402529, 13.081921), in der Havel (52.429762, 13.129522) und im Heiligen See (52.410891, 13.072492; 52.415689, 13.076413).

Auto < 45 Min.; ÖV < 60 Min.

WEEKENDER EDITION

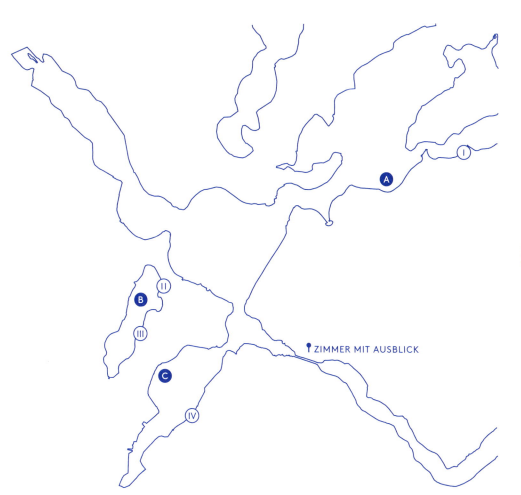

BADESTELLEN
I: 52.429762, 13.129522
II: 52.415689, 13.076413
III: 52.410891, 13.072492
IV: 52.402529, 13.081921

NORD

WEST

Gastgeberin: Pia von Kaehne
Lankestraße 2, 14482 Potsdam
Der Mindestaufenthalt beträgt vier Nächte.
+49 (0) 160 157 10 11

info@zimmer-mit-ausblick.net
www.zimmer-mit-ausblick.net

WEEKENDER EDITION

OST

SÜD

INDEX A

NORD

WEST

S. 256
Bauernkate Klein Thurow

S. 16
Bootschaft Studios Lychen

S. 22
Das blaue Pferd

S. 28
Das schwarze Haus

S. 34
Das Sternhagener Haus

S. 262
Elisabeth am See

S. 234
Ferienhaus „An der Giglitza"

S. 268
Ferienhaus am Beetzsee

S. 274
Ferienhof Middenmank

S. 280
Ferienwohnung am Einsteinhaus Caputh

S. 40
Forsthaus Strelitz

S. 46
Gasthof zum grünen Baum

S. 52
Gut Boltenhof

S. 58
Gut Fergitz

S. 212
Gut Klostermühle

S. 286
Gut Wendgräben

S. 64
Gut Wolletz

S. 70
Gutshaus Lexow

S. 76
Gutshof Kraatz

S. 82
Hans und Otto

S. 292
Haus am Havelbogen

S. 88
Haus Wieckin

S. 298
Havelblau Ferienlofts

S. 94
Herrenhaus Röddelin

S. 304
Hof Obst

S. 100
Kavaliershaus Schloss Blücher

S. 106
Landgehöft am Feldrain

S. 112
Landhaus am See

WEEKENDER EDITION

→   Z

S. 240
Lausitzer Seenland Resort

S. 118
Märkisches Landhaus N° 8

S. 124
Mein Lychen

S. 218
Modern Houseboat

S. 130
Mühle Tornow

S. 136
Naturoase Gustow

S. 142
NewHaus

S. 310
Parkchâlet Potsdam

S. 148
Re:hof Rutenberg

S. 246
Refugium am See

S. 154
Rote Scheune

S. 160
Seehotel am Neuklostersee

S. 166
Smucke Steed

S. 172
Strandwood House

S. 178
Thomashof Klein Mutz

S. 184
Villa am Trumpf   OST

S. 224
Villa Honigpumpe

S. 190
Vorwerk Krewitz

S. 196
Wasserferienwelt Rügen

S. 202
Wasserturm Waren

S. 316
Winterquartier

S. 322
Zimmer mit Ausblick

SÜD

Index
Art der Unterkünfte

APARTMENTS
Bauernkate Klein Thurow
S. 256
Bootschaft Studios Lychen
S. 16
Elisabeth am See
S. 262
Gut Wendgräben
S. 286
Gut Wolletz
S. 64
Gutshof Kraatz
S. 76
Haus am Havelbogen
S. 292
Havelblau Ferienlofts
S. 298
Hof Obst
S. 304
Mein Lychen
S. 124
Parkchâlet Potsdam
S. 310
Re:hof Rutenberg
S. 148
Refugium am See
S. 246
Rote Scheune
S. 154
Thomashof Klein Mutz
S. 178
Villa am Trumpf
S. 184

Wasserturm Waren
S. 202
Zimmer mit Ausblick
S. 322

APARTMENTS/HAUS
Das blaue Pferd
S. 22
Ferienwohnung am
Einsteinhaus Caputh
S. 280
Ferienhof Middenmank
S. 274
Gut Fergitz
S. 58
Lausitzer Seenland Resort
S. 240
Winterquartier
S. 316

APARTMENTS/HOTEL
Gut Boltenhof
S. 52

APARTMENTS/PENSION
Gutshaus Lexow
S. 70

HAUS
Das schwarze Haus
S. 28
Das Sternhagener Haus
S. 34
Ferienhaus „An der Giglitza"
S. 234
Ferienhaus Beetzsee
S. 268
Hans und Otto
S. 82
Haus Wieckin
S. 88
Herrenhaus Röddelin
S. 94
Landgehöft am Feldrain
S. 106
Landhaus am See
S. 112
Märkisches Landhaus N°8
S. 118
Modern Houseboat
S. 218
Naturoase Gustow
S. 136
NewHaus
S. 142
Strandwood House
S. 172
Villa Honigpumpe
S. 224
Vorwerk Krewitz
S. 190

WEEKENDER EDITION

Wasserferienwelt Rügen
S. 196

HOTEL
Gut Klostermühle
S. 212
Kavaliershaus Schloss Blücher – Hotel am Finckener See
S. 100
Seehotel am Neuklostersee
S. 160

PENSION
Forsthaus Strelitz
S. 40
Gasthof zum grünen Baum
S. 46
Mühle Tornow
S. 130
Smucke Steed
S. 166

NORD

Vielen Dank an alle Fotografinnen und Fotografen, die ihre Bilder für dieses Projekt zur Verfügung gestellt haben:

NORDEN

S. 16	Bootschaft Studios Lychen	Carsten Wetzel
S. 22	Das blaue Pferd	Elisophie Eulenburg
S. 28	Das schwarze Haus	Ina Steiner
S. 34	Das Sternhagener Haus	Das Sternhagener Haus
S. 40	Forsthaus Strelitz	Anna Rose, Julien L. Balmer
S. 46	Gasthof zum grünen Baum	Carsten Frerich, Ulrike Hesse
S. 52	Gut Boltenhof	Jan-Uwe Riest
S. 58	Gut Fergitz	Bernd Borchardt
S. 64	Gut Wolletz	Robert Wunsch
S. 70	Gutshaus Lexow	Jürgen Höfer
S. 76	Gutshof Kraatz	Florian Profitlich
S. 82	Hans und Otto	Michael Tewes
S. 88	Haus Wieckin	Elena Krämer, Stefan Melchior
S. 94	Herrenhaus Röddelin	Herrenhaus Röddelin
S. 100	Kavaliershaus Schloss Blücher	Kavaliershaus Schloss Bücher
S. 106	Landgehöft am Feldrain	Ludger Paffrath
S. 112	Landhaus am See	Stjepan Sedlar, Aubrey Wade, Andrea Ribbers
S. 118	Märkisches Landhaus N° 8	Claude Smekens
S. 124	Mein Lychen	mein.lychen
S. 130	Mühle Tornow	Christian Schneider
S. 136	Naturoase Gustow	im-jaich Naturoase Gustow
S. 142	NewHaus	Sven Hausherr, Daniel Farò c/o Cee Cee Creative
S. 148	Re:hof Rutenberg	Marieken Verheyen, Martin Hansen, Tillmann Konrad
S. 154	Rote Scheune	Thomas Heimann
S. 160	Seehotel am Neuklostersee	Nalbach Architekten, Berlin
S. 166	Smucke Steed	Sabrina Rothe
S. 172	Strandwood House	Edzard Piltz
S. 178	Thomashof Klein Mutz	Philine Bach, Heike Thomas
S. 184	Villa am Trumpf	Anja & Rolf Dau
S. 190	Vorwerk Krewitz	Florian Profitlich
S. 196	Wasserferienwelt Rügen	im-jaich Wasserferienwelt Rügen
S. 202	Wasserturm Waren	Yvonne Hagenbach

WEEKENDER EDITION

OSTEN
S. 212 Gut Klostermühle | Gut Klostermühle
S. 218 Modern Houseboat | Welcome Beyond
S. 224 Villa Honigpumpe | Villa Honigpumpe

SÜDEN
S. 234 Ferienhaus „An der Giglitza" | Studio Mirko Plha
S. 240 Lausitzer Seenland Resort | Katharina Grottker
S. 246 Refugium am See | Refugium am See

WESTEN
S. 256 Bauernkate Klein Thurow | Hauke Dressler
S. 262 Elisabeth am See | Simone Rosenberg, elisabeth am see®
S. 268 Ferienhaus Beetzsee | Familie Woitge
S. 274 Ferienhof Middenmank | Matthias Friel
S. 280 Ferienwohnung am Einsteinhaus Caputh | Anja Kaie, Marcus Koelling (bigshrimp)
S. 286 Gut Wendgräben | Gut Wendgräben
S. 292 Haus am Havelbogen | Elmar Busch
S. 298 Havelblau Ferienlofts | Detlev Delfs
S. 304 Hof Obst | Julia & Rouven Obst
S. 310 Parkchâlet Potsdam | Tom Solo Int.
S. 316 Winterquartier | Jens Winter, Konrad Schmiedel
S. 322 Zimmer mit Ausblick | Hans Bach

NORD

Impressum

WEST

WEEKENDER EDITION

Dieses Buch wurde von The Gentle Temper initiiert, gestaltet und herausgegeben.

Herausgeber
Karoline Rosina und Dr. Nils D. Kraiczy

Lektorat und Redigat
Laura Storfner

Verlag
The Gentle Temper - Kraiczy & Rosina GbR
Grünberger Straße 26a, 10245 Berlin
www.thegentletemper.com
www.takemetothelakes.com

Druck
Europrint Medien GmbH, Berlin

Coverbild
Ina Steiner, Das schwarze Haus (S. 28)

Schriftarten
Eldorado, Brown, GT America

Made in Berlin, Germany
ISBN: 978-3-9818497-4-5

© The Gentle Temper - Kraiczy & Rosina GbR, Berlin 2017
Alle Rechte vorbehalten inklusive des Rechtes auf Reproduktion im Ganzen oder in Teilen und in jeglicher Form.
Kein Teil des Werkes darf in irgendeiner Form (durch Fotokopie, Mikrofilm oder ein anderes Verfahren) ohne schriftliche Genehmigung des Verlages reproduziert oder unter Verwendung elektronischer Systeme verarbeitet, vervielfältigt oder verbreitet werden.
Die Deutsche Nationalbibliothek verzeichnet diese Publikation in der Deutschen Nationalbibliografie; detaillierte bibliografische Daten sind im Internet über http://dnb.ddb.de abrufbar.

Take Me to the Lakes – WEEKENDER EDITION BERLIN
1. Auflage, November 2017

Die „Take Me to the Lakes" Reihe

2017 ERSCHIENEN

Take Me to the Lakes – The Berlin Edition
English Edition
978-3-9818497-3-8

Take Me to the Lakes – The Berlin Edition
Deutsche Edition
978-3-9818497-2-1

Take Me to the Lakes – Weekender Edition Berlin
Deutsche Edition
978-3-9818497-4-5

VORSCHAU 2018

Take Me to the Lakes – München Edition
978-3-9818497-5-2

Take Me to the Lakes – NRW Edition
978-3-9818497-6-9

THE GENTLE TEMPER